「天使」と「悪魔」の謎を楽しむ本

グループSKIT 編著

PHP研究所

「はじめに」

神秘のベールに包まれた
天使と悪魔の真実に迫る

本書は、おもにユダヤ教、キリスト教、イスラム教の、伝承や神学のなかで語られてきた、天使と悪魔に関する、さまざまな謎について記したものである。

そもそも天使と悪魔とはなんだろうか？

わかりやすくいうと、天使とは神に創られ、人間を善なる方向に導き、また悪から守護することを役目とした存在のことだ。天使は、神そのものではないが、おおむね神に近い能力を持っているとされている。

一方、悪魔とは、天使とは反対に、神に逆らい、人間を悪徳のほうに引きずり込もうとする存在のことである。彼らもまた、恐るべき力を持っている。

さて、ギリシア神話や北欧神話といった、いわゆる過去の神話とは違い、ユダヤ教もキリスト教もイスラム教も、誕生以来、現在に至るまで、その教義は発展を続けている。そのため、当初は単純であり、漠然としていた天使と悪魔の位置づけは、時代を経るにつれ体系化されていった。

例えば、天使に序列をつけた「天使の九階級」や、「天使の数」といった疑問、あるいは東西南北を支配する「四方の悪魔」や、惑星の運行に携わる「黄道十二宮の悪魔」といった概念の大半は、中世以降に考えられ、理論化されていったものだ。もっとも、長い時間をかけて多くの人々が自説を提唱してきたため、「地獄の支配者はルシファーなのか、サタンなのか？」といった事柄については、諸説入り乱れた状況にもなっている。

そのような、天使と悪魔にまつわる諸理論や謎について、本書では可能な限り詳しく紹介した。

さらに、天使や悪魔の特徴として、もうひとつ挙げられるのが、彼らが歴史上の人物と直接かかわりをもったとされていることだ。「ジャンヌ・ダルクに啓示を与えた天使の存在」や、「マルティン・ルターは悪魔と議論した」といった伝説が数多く残されている。これは、神話の神々とは違い、天使や悪魔に対する信仰や恐怖が、人間にとって身近なものであり続けたからだろう。それらの逸話についても、本書では詳しく紹介している。

最後になるが、この本では、仏教やゾロアスター教、グノーシス主義などに関連した天使や悪魔も紹介している。ぜひ、彼らの謎を楽しんで欲しい。

「天使」と「悪魔」の謎を楽しむ本　目次

第1部「天使篇」

天使とはなにか?

「天使」と「悪魔」の謎を楽しむ本　目次

第2部「悪魔篇」

悪魔とはなにか？

「天使」と「悪魔」の謎を楽しむ本　目次

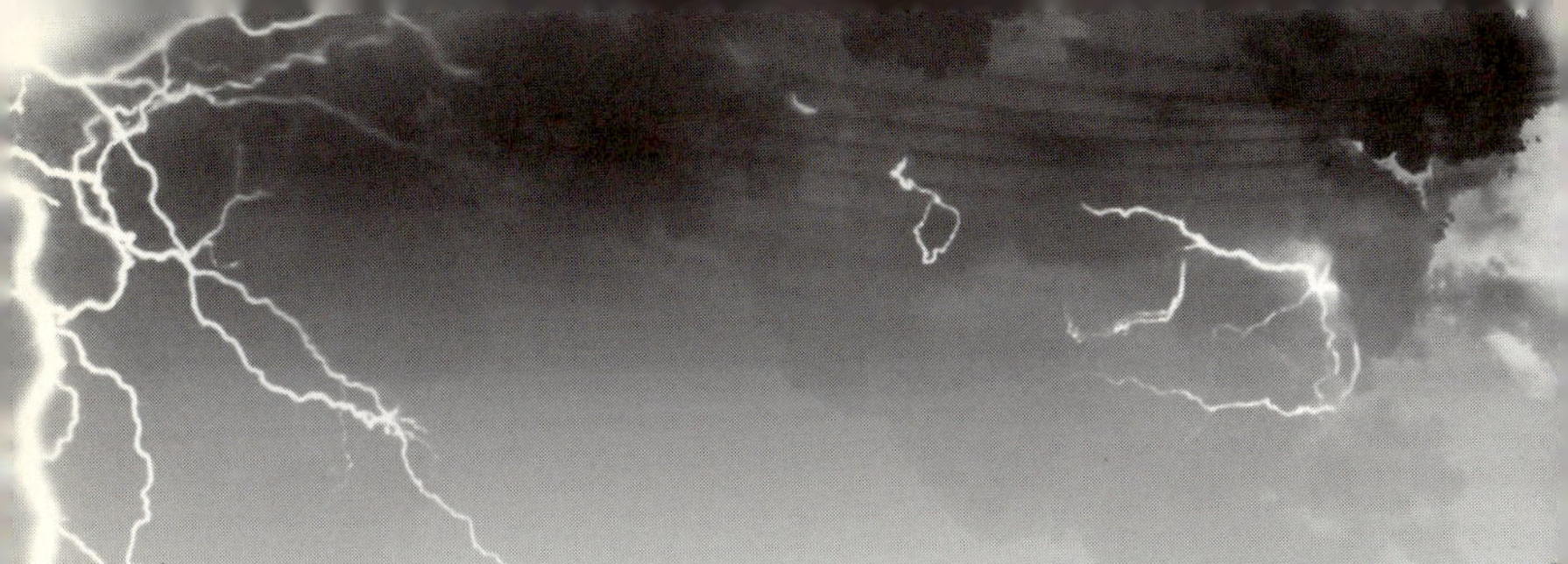

Secret of Angels

天使篇

神が遣わした使者たちの知られざる履歴

天使たちは、神の代理として正義を執行する。
だが、何が正義かは時代によって変わるもの。
天使もまた、時代に応じてその姿を変えてきた。

天使とはなにか？

時に人を導き、人を罰する神の御遣い――天使
誰もが天使を知っているが、その実像は意外と知られていない

子どもでも女性でもない天使の真の姿

我々はよく、可愛らしい子どもやきれいな女性を天使にたとえる。しかしこの場合の天使は、その実像や本質とは無関係に、純粋さや美しさを象徴する慣用句として、用いられているにすぎない。

そもそも天使とは、神ヤハウェを崇めるユダヤ教・キリスト教・イスラム教の三宗教における、神の遣いをさす。じつは、これらの教義や神学のなかで、天使が子どもや女性の姿をしていることは滅多にない。

こう言うと、「キリスト教の宗教画には、よく背中に白い翼を生やした子どもの天使が描かれているではないか」と訝《いぶか》る読者もいるだろう。が、あの子どもらはいわゆる、「プット」と呼ばれる天使とは別の存在だ。

プットは、ギリシア神話の愛欲の神エロスが、キリスト教美術にとり込まれて生まれたものである。エロスはローマ神話のクピドと同一視されるが、そのクピドを英語読みするとキューピッドになる。ゆえに、弓矢で恋をとりもつ存在として知られるキューピッドは、天使ではない。

けれども日本では、弓矢を手にした有翼の幼児、つまりキューピッドの絵や像が、エンジェル（またはエンゼル）と呼ばれることが少なくない。エンジェルは天使をさす英語だから、ここには明らかに混同がみられる。

このように世間には、天使にまつわる誤解が結構ある。純粋とか美しいとか、あるいは翼を持つといったイメージは共有されているものの、我々は意外に、天使の実像については知らないのだ。

では、本当の天使とはどんな存在なのか？　それを探るのが、本章の目的である。だが、本当の天使を目撃した人間はまれだ。また、その証言がつねに真実であるともかぎらない。どの証言を信じるかによって、天使像も大きく変わる。本章が提供する情報から、いかなる天使像を想像するかは、読者のみなさんしだいである。さて、果たしてそれは、どんな像になるのだろうか？

Secret of Angels

天使長ミカエルが担う重要な任務とは?

総勢四〇億ともそれ以上ともいわれる天使たち。その頂点に君臨する大天使ミカエルとは?

異教からユダヤ教に取り入れられた天使のリーダー

天使の数は非常に多い。またその一人ひとりが、我々人間と同様、固有名をもっている。仮に聖アルベルトゥス（P59参照）が挙げた約四〇億が天使の総数なら、それと同じだけの天使の名があるわけだ。

だが、これまでに把握されている天使の名の数は、四〇億には遠くおよばない。判明している天使の名はけっして少なくないのだが、それでも天使全体からみれば、ごく一部にすぎない。逆をいえば、名の知られている天使はそれだけで、かなりレアな存在といえる。彼らは、天使のなかでもとくに偉大視される、選ばれたメンバー――いわば天界の名士たちなのだ。

その名士のなかでも、リーダー的な地位にあると目されているのが、大天使ミカエルである。ヘブライ語で「神に似た者」という意味を持つ彼の名は、早くも『旧約聖書』中の「ダニエル書」に登場している。意外にも、『旧約聖書』に名が明記されている天使は、彼のほかにはガブリエルしかいない。

ほかの天使たちの名は、時代がくだるにつれて徐々に判明していった（あるいは新たに作られていった）のだ。つまりミカエルは、もっとも古くから存在を確認されていた天使のひとりである。

ミカエルはもともと、紀元前六世紀ごろにメソポタミアの地に栄えた王国、カルデア（新バビロニア）の神であったらしい。この時代、ユダヤ人たちは捕虜としてこの国に連行され、数世代にわたる定住と労働を強いられた。その時代、カルデアの文化や風習を自分たちのそれに吸収し、ミカエルへの崇拝も、そうしてユダヤ教に移植されたと推定されている。

悪魔サタンと戦う任務を帯びた有翼の戦士

「ダニエル書」によれば、ミカエルはイスラエルの民（ユダヤ人）の守護者で

あり、「支配者長」の肩書きを持つ。しかしのちに、ミカエルはユダヤ人だけでなく、神ヤハウェを信仰するすべての民衆の守護者となった。

とりわけキリスト教の最大宗派、カトリック教徒のあいだにおける彼の人気は絶大で、カトリック圏にはミカエルの降臨や奇蹟にまつわる伝説が多い。たとえば、フランスのノルマンディー地方の観光名所で、世界遺産としても知られるモン・サン・ミシェル修道院。これは八世紀のある聖職者が、ミカエルの命令に従って建てた礼拝堂を起源とする（ミシェルはミカエルのフランス語読み。英語圏に多い男性名マイケルも、ミカエルの英語読みである）。

天使への崇拝は、ともすれば偶像崇拝につながるおそれがあるため、カトリック教会は庶民のあいだで天使崇拝が過熱するたびに、それをいましめ、ときに抑圧してきた。しかし伝統的にミカエルは別格とされ、彼への崇拝はむしろ奨励されている。そのカトリック教会は、「ミカエルより偉大な天使は存在しない」を公式見解とし、彼を「天使長」と呼んでいる。

そんなミカエルは、ほかの天使より格段に多くの役職を兼任しているが、もっとも重要な任務といえば、悪魔サタンと戦うことである。そのため、彼は鎧をまとって剣をたずさえた、凜々しい有翼の戦士という姿で描かれることが多く、絵画ではサタンの化身である竜を踏みつけているのが通例である。

悪魔の化身であるドラゴンを打ち倒す、天使長ミカエル

Secret of Angels

人間組織の手本となった「天使の九階級」

少数の指導者が大多数を支配する階級制度。それは天使社会の秩序を真似たものだった？

人間社会の組織構造の手本か？ 天上のヒエラルキー

企業でも役所でもそうだが、組織というものはおおむね、ピラミッド型の構造をもっている。組織のリーダーや幹部が全体の方向性を決定し、中間管理職が、その方向性を最大多数の一般構成員に伝え、一般構成員が実行することによって組織は運営されてゆく。このように、序列が下層へさがるほど人員の人数が増える組織の体系を、俗に「ヒエラルキー」と呼ぶ。

ヒエラルキーとは、もともと教皇を頂点とし、その下に枢機卿、大司教、司教、司祭、助祭といった位階が続く、ローマ・カトリック教会内の階級制度をさす言葉であった。だが、ヒエラルキーのルーツをさらにさかのぼってみると、天使に関する文献にたどりつく。その文献の名は、『天上位階論』。ヒエラルキー（位階制）なる語は、この本ではじめて用いられたのだ。

当初、この書物は紀元一世紀ごろの高名な聖職者、ディオニュシオスの著作として世に流布した。しかしのちに、これは五世紀ごろの本名不詳の人物による偽書だと判明したため、今日では作者は、偽ディオニュシオスと呼ばれている。だが、偽書であることがわかったときには、すでにこの内容はすっかり神学者たちに受け入れられ、定着していた。ゆえに、「天使の九階級」なるヒエラルキーは、いまなお天使社会の序列を説明するもっとも一般的な概念として、広く認知されている。

大天使ミカエルは、上級天使か、下級天使か？

偽ディオニュシオスは、天使はまず「上級天使・中級天使・下級天使」の三種に大別され、そのそれぞれが、さらに細かく三つの階級に分かれていると説く。上位から順にリスト化すると、次のようになる。

上級天使　熾天使《してんし》（セラフィム）↓智天使（ケルビム）↓座天使（スロウンズ）
中級天使　主天使（ドミニオンズ）↓力天使（ヴァーチューズ）↓能天使（パワーズ）
下級天使　権天使（プリンシパリティーズ）↓大天使（アークエンジェルズ）↓天使（エンジェルズ）

上位の天使は、自分より下位の天使が持つ力をすべて所持するが、その逆はなく、また神とじかに接触できるのは上級天使のみだと、偽ディオニュシオスは述べている。神の言葉は、上級天使から下位の天使たちへ伝えられていき、最終的に下級天使が我々人間に伝えるのだそうだ。

ところで、もっとも偉大な天使といわれるミカエルは、通常、「大天使」と称される。しかし右のリストによれば、「大天使」の位は意外に低い。ミカエルがもっとも偉いという通説は誤まっているのか？　「大天使」を下級とする「九階級」が間違いなのか？　はたまた、ミカエルはじつは「大天使」ではなく「熾天使」なのか？　こうした矛盾を解消するため、現在多くの人々は、ミカエル自身は「熾天使」で、「大天使」たちを統括する役職を兼任しているため、「大天使」と呼ばれるのだ、という解釈をとっている。

六枚の翼を持つ異形の天使セラフィム

Secret of Angels

怪物じみた姿で現われる上級天使たち

霊的存在たる天使は自在に姿を変えることができる。ときには異形で出現することも……。

人間に変身できる以上、怪物にもなれるはず

宗教画のなかの天使は、たいてい人間に似た姿をしている。しかしそれは比喩的な表現にすぎない（P62参照）。聖職者たちの説くところによれば、天使たちは本来、肉体をもたぬ霊的存在だから、見た目などはあまり意味をもたないのである。

だが、彼らがしばしば人間に化身して地上に現われるのは、どうやらたしからしい。『旧約聖書』「創世記」のなかで、背徳の都ソドムを滅ぼしたふたりの

「破壊の天使」は、旅人としてこの町を訪れた。人々は当初、彼らが天使だとは気づかなかった。「トビト書」におけるラファエルも、人間として主人公たちを助けたのち、最後になってやっと正体を明かしている。

人々が彼らの正体を見抜けなかったことからして、彼らの外見はなんら、常人と変わるところがなかったに違いない。無論、背中に翼もついていなかったのだろう。そう、天使は自在に姿を変えることができるのだ。

であれば、ときに彼らが怪物じみた異形の姿を披露したとしても、驚くにはあたらない。ここでは、その例を幾つかご紹介しよう。

車輪か、UFOか？　無数の目を持つ奇怪な生き物

まずは『旧約聖書』「イザヤ書」の記述から。預言者イザヤは、ある熾天使（セラフィム）に導かれて、天上の模様を見学したが、このとき彼が見た熾天使たちは、六枚の翼を持っていたという。そのうちの二枚で顔を、二枚で足を隠し、残り二枚で神の玉座の上方を舞っていたそうだ。

「第三エノク書」でエノクが目撃した熾天使も、やはり翼は六枚。ただし、このときの彼らは顔が一六もあり、その四つずつを四方に向けていたとか。

いっぽう、「エゼキエル書」の伝える智天使（ケルビム）は、翼は四枚、顔

は四つ。だがその四面のなかで人の顔をしているのは一面だけで、あとはそれぞれ、牛、獅子、鷲の顔だったという。

「エゼキエル書」には、座天使（スロウンズ）も登場する。身体全体が車輪に似た形状をしており、無数の翼と目がついていたというから、もはや人型ではない。彼らは智天使の乗り物でもあり、彼らを乗せて意のままに移動したり宙に浮いたりしていたそうだ。座天使の正体は宇宙人を乗せた空飛ぶ円盤だ、と考えるＵＦＯマニアが多いとか。

その座天使たちには、オファニム、ガルガリムという異称もある。オファニムは「車輪」、ガルガリムは「天球」という意味。オファニムと呼ばれる際はオファニエルなる天使が、ガルガリムの場合にはガルガリエルなる天使が、それぞれリーダーを務めているといわれる。

オファニエルについては、「第三エノク書」に次のような描写がある。前後左右に四つずつ、合計一六の顔をもち、四方に一〇〇ずつの翼を生やしている。目は四方に二一九一ずつ、合計八七六四あり、そのすべてが炎となって燃えている。さらに、背丈は二千五百年の旅に相当する、とのことである。

なお、熾天使、智天使、座天使は、いずれも偽ディオニュシオスの「天使の九階級」の上級天使にあたる。下級天使に比べて人間と接触する機会がまれなので、遠慮なく人間離れした形態をとっているのかもしれない。

空飛ぶ円盤として現われる座天使たち

Secret of Angels

「四大天使」と「七人の大天使」とはなにか？

「神の御前に立つ」特権を有した、とくに偉大な天使たち。その顔ぶれは？

四人はほぼ確定、残り三人は文献によって異なる

「○○御三家」、「○○四天王」など、人はとかく有名なもの、傑出したものを並べて数字でくくりたがる。天使についても例外ではない。

『旧約聖書』外典「第一エノク書」や、『新訳聖書』「ヨハネの黙示録」は、「七人の大天使」について述べている。両者の記述の一致からして、彼らが「神の御前に立つ栄誉」を許された特別な存在であるらしいことは、ほぼ確実視されている。しかしその顔ぶれについては、宗派によっても文献によっても、神学

■「七人の大天使」候補者リスト

		天使＼出典	第一エノク書	第二エノク書	キリスト教グノーシス派	大グレゴリウス	偽ディオニュシオス	ゲオニムの教説	護符の魔術	聖なる天使の階級
七人の大天使	四大天使	ミカエル	●	●	●	●	●	●	●	●
		ガブリエル	●	●	●	●	●	●	●	●
		ラファエル	●	●	●	●	●	●	●	●
		ウリエル	●	●	●	●	●			
	その他の大天使の候補	ラグエル	●	●						
		ゼラキエル	●							
		レミエル	●	●						
		サリエル		●						
		バラキエル			●					
		セアルティエル			●					
		イェフディエル			●					
		オリフィエル				●				
		ザカリエル				●				
		カマエル（＝カムエル）					●		●	●
		ヨフィエル					●			
		ザドキエル					●		●	
		ハニエル（＝アニエル、シミエル）				●		●	●	●
		アダビエル（＝ザドキエル？）						●		●
		ザフィエル（＝ザフキエル）							●	●
		カフジエル						●		
		サマエル						●		

者によっても見解が異なり、しばしば変動する。

ただし、『旧約聖書』の「ダニエル書」に名が明記されているミカエルとガブリエル、「トビト書」（宗派によって『旧約』正典に含まれたり含まれなかったりする）に登場するラファエル、「第一エノク書」や『新訳』外典「ペテロの黙示録」などに名を連ねるウリエルは、ほぼつねに選ばれる。この固定メンバー四者をさして、「四大天使」と呼ぶ。

残り三者の候補としては、ラグエル、レミエル、ハニエル、カマエル、ザフィエルらが有力視されており、ザドキエルやサマエルの名が挙げられることもある。

Secret of Angels

人間から天使になった者もいる

双子の兄弟とされる巨大天使、メタトロンとサンダルフォン。両者はもともと人間だった。

「エル」がつかぬ、ふたりの天使

天使たちの名には、多くの場合、末尾に「エル」がつく。「エル（El）」とはヘブライ語で、「神」という意味だ。たとえばミカエルの名は「神に似た者」を、ガブリエルは「神の英雄」、ラファエルは「神の薬」を意味する。おそらく「エル」がつくのは、彼らが神の忠実なるしもべであることの証なのだろう。

しかしなかには、「エル」がつかない名を持つ天使たちもいる。その代表格が、メタトロンとサンダルフォンだ。

メタトロンの名の由来はわからない。「測る人」を意味するラテン語「メタトール」や、「支配者に次ぐ者」を意味するギリシア語「メタトラノス」から転じたともいわれるが、いずれも推測の域を出ない。

対して、サンダルフォンの名の由来は比較的明解だ。その名はギリシア語で、「共通の兄弟」という意味を持つ。サンダルの愛好者だから、という異説もあるが、これはただの俗説にすぎまい。

このふたり、名前だけでなく出自も異色である。どちらももとから天使だったわけではなく、かつては人間だったといわれている。

神の記録係をつとめたエノクと、異教徒と戦ったエリヤ

メタトロンの人間時代の名はエノク。ユダヤの族長のひとりで、『旧約聖書』「創世記」によれば、三六五年も人間として生きたという。

彼自身が書いたと伝えられる『旧約聖書』外典「エノク書」によれば、彼がふたりの天使によって天へ連れていかれたのは、まさに三六五歳のとき。天使たちに案内されて天界を見学したエノクは、やがて神に謁見し、宇宙の秘密を書物に書き記すよう命じられたという。

『天使ラジエルの書』を参考にし、記録天使のひとりヴレティエルに助けられ

つつ、エノクは三十昼夜、休みなく書き続けて、ついに三五〇巻におよぶ大著を完成させた。その後、三十日間だけ地上へ帰って、息子たちに指示や助言を与えたエノクは、ふたたび天にのぼり、天使メタトロンに生まれ変わる。その際、彼の身体は世界の広さに匹敵するほど巨大化し、三六対、計七二枚の翼と、三六万五〇〇〇の目を得たという。

他方、サンダルフォンのもとの名はエリヤ。エリヤとは、「我が神はヤハウェ」という意味だ。その名のとおり、彼は異教徒に迫害されつつもヤハウェへの信仰を守った預言者として、『旧約聖書』「列王記」に登場する。

バアル神を崇める権力者と対立し、故国イスラエルを追われたエリヤは、荒野をさすらって疲れ果て、絶望に駆られたとき、天使に出会う。そして天使から与えられたパンと水で体力を回復し、四十昼夜を歩き続けてホレブ山へとたどり着く。そこでエリヤは神に会い、新たな王を擁立してエリシャを後継者として育てるよう、命令される。そのつとめを果たしたのち、つむじ風（あるいは火の戦車）に乗って、天へのぼったのだった。

その変容後の姿であるサンダルフォンもまた、身長が「歩いて五百年かかる距離に等しい」といわれるほどの巨大さで知られる。

なお、エノクとエリヤは生きた時代が異なるが、天使としての生い立ちが共通しているからか、変身後の彼らは双子の兄弟といわれる。

人間であるエノクが転生した巨大天使メタトロン

Secret of Angels

天使を三人も倒した大預言者モーセ

エリヤもモーセも強かった。とくにモーセの強さは破格。倒した天使は三人におよぶ。

天使をも凌駕する人間

基本的に天使は、体力でも知力でも人間より勝った存在である。しかし人間のなかからは、ときおり天使さえも凌駕する傑物が出現する。

前項で登場した預言者エリヤも、そのひとりだった。彼が天使サンダルフォンに生まれ変わる直前、ある「死の天使」（名前は不明）が、彼に闘いを挑んだという逸話がある。人間の生死を司るのは自分たちの領分なのに、神がそれを無視してエリヤを天使にしようとしたことに、反発したらしい。しかしエリヤは「死の天使」と互角以上に渡り合い、結局押さえつけてしまった。神が仲裁に入らなければ、おそらく相手を殺していただろうといわれている。

「死の天使」とは、寿命の尽きた人間や動物の魂を天国や地獄へ連れていく役目を担う、複数の天使たちの総称だ。カフジエル、アズラエル、サリエルなどがその代表格で、重要人物の死に際しては、ミカエル、ガブリエル、メタトロンといった大物級の天使が、その役をつとめることもある。

かの大預言者モーセが百二十歳になったとき、「死の天使」として彼を迎えにいったのが、サマエルであった。しかし、モーセは自分の寿命が尽きたことを納得せず、杖で殴って彼を追い返したという。その際、サマエルは殴られたショックで失明してしまったそうだ。サマエルはのちに堕天し、悪魔の王サタンに化したともいわれているが、あるいはモーセによって殴られた屈辱が、その転向の一因となったのかもしれない。

神の寵愛を受けたモーセ

モーセはほかにも複数の天使と戦い、これを打ち負かしている。

まずはカマエル（ケムエルとも）。この天使は天国の門番だったが、モーセが神から律法（『旧約聖書』の「モーセ五書」のこと）を授かるためにそこを通ろうとしたとき、それを阻んだために、彼に殺されてしまった（モーセの目的を知って素直に門を開けたという異説もある）。

次の犠牲者はヘマハだ。この天使の職務は、罪を犯した人間を罰することだった。彼が兄であるアフと協力し、モーセを丸飲みにしようとしたのも、モーセが息子ゲルショムに対して割礼（ペニスの包皮を切除する、ユダヤ教徒にとっての神聖な儀式）を怠っていたからだ。だが、モーセの妻ツィポラがゲルショムに割礼をほどこしたため、彼らは懲罰を受ける理由を失う。ヘマハは神の命令でモーセを吐き出すことになったのだが、吐き出されたモーセはただちに反撃に転じ、ヘマハを殺してしまったそうである。

ユダヤ教の事実上の開祖であるモーセは、キリスト教徒やイスラム教徒からも尊敬される人物。とてつもなく強いのも納得できるが（サマエルを撃退した逸話など、とても死期の迫った老人とは思えない）、それにしても彼に負かされた天使らは、いずれも自分の任務を果たそうとしただけである。それを問答無用で殺すモーセは、相当に暴力的といわざるをえない。

にもかかわらず、神はモーセをやけに寵愛した。サマエルが彼の魂を天国まで連れていくことに失敗したのちは、ミカエルとガブリエルの大物天使を伴って、じきじきに彼を迎えにいったとも伝えられる。神にとっては、天使たちよりもモーセのほうが可愛かったということだろうか？

三体の天使を次々と打ち倒した人間モーセ

Secret of Angels

天使の地位を剥奪されたウリエル

カトリック信徒の模範とされる聖人。一応人間のはずだが、なぜか天使とされることもある。

ローマ教皇の見せしめとなった七人

魔女として処刑されたジャンヌ・ダルクは、その後カトリック教会によって名誉回復され、二十世紀には「聖人」に列せられた。

カトリックにおける聖人とは、神の祝福を受けて奇蹟をなした人や、殉教した人に与えられる称号だ。この認定制度、要するに立派な人を讃えるためにあるのだが、妙なことに、「四大天使」のひとりウリエルも、カトリックでは天使ではなく、聖人とされている。彼は人間だったのだろうか？　無論、そんな

■ザカリアス教皇によって「拒絶された天使たち」リスト

ウリエル
ラグエル
イニアス
アディムス
シミエル（セミベル）
テュブエル（テュブアス）
サバオク（サバオテ）

ラグエルは他の天使の行ないを監視する天使だが、ザカリアス教皇からは「聖人の名を騙るデーモン」と罵倒された。そんな教皇の断罪に同調しなかった司祭らは、異端の烙印を押されて教会から追放された。

はずはない。

じつは彼は七四五年、ローマ教皇ザカリアスによって天使の地位を剥奪され、堕天使に指定された履歴を持つ。が、これは明らかな冤罪であった。教皇は、庶民のあいだで高まりすぎた天使崇拝に歯止めをかけるため、ミカエル、ガブリエル、ラファエル以外の天使崇拝を禁じるという荒療治を断行し、そのなかでウリエルをはじめとする有名天使七人を、その知名度ゆえに見せしめとして断罪したのである。

後世、教会はこの過激すぎる決定を撤回したが、なぜかウリエルは天使の地位には戻されず、聖人とされたのだった。

Secret of Angels

天使たちが宇宙からやってきたというのは本当か？

ダンテの『神曲』によれば、天国は地球の外にあるという。天使たちは宇宙人なのか？

大宇宙に咲く、天使の群れで作られた白いバラ

天使は天国に住んでいるというのは、現在でも広く信じられている定説である。では、その天国とはいかなる場所なのだろうか？

ユダヤ教やキリスト教では伝統的に、天国は幾つもの階層に分かれ、各階層が特定の天使によって支配されていると考えられてきた。階層の総数や各階層の呼び名、支配する天使の名は文献によって変わるが、最上層に神がいるとされる点は、おおむねどの伝承でも共通している。

■ダンテの考えた天国

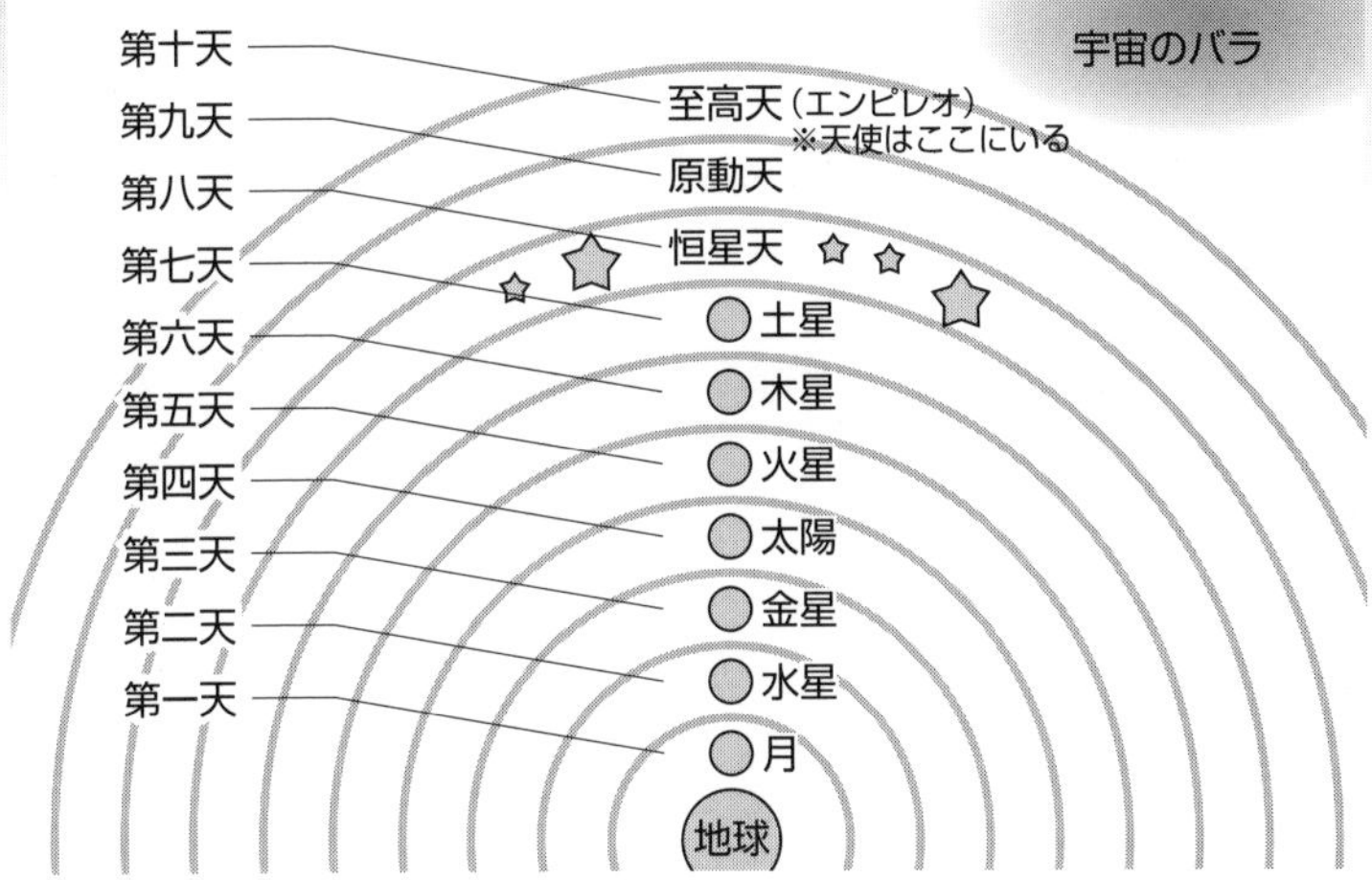

たとえば「第三エノク書」に描かれた天国は、地上にいちばん近い第一天ウィロンから始まり、第二天ラクィア、第三天セハクィム、第四天ゼブル、第五天マオン、第六天マコン、第七天アラボトの、全七層からなる。

対して十三世紀の詩人ダンテは、叙事詩『神曲』で、十層からなる天国を描いた。この十層は太陽系の天体に対応し、第一天の月から順に、水星、金星、太陽、火星、木星、土星と続く。第八天は恒星天、第九天は原動天と呼ばれ、その外側に神の住まう至高天エンピレオがある。作中でダンテは、そこで純白のバラのかたちに群れ集う天使を見る。

Secret of Angels

天使文字とはなにか?

古代には文字自体に神秘性が見いだされた。
天使も独自の文字を使っていたといわれる。

天使が使った謎のアルファベット

天使はどのような言葉を使うのか? これは人間の側が自分の属する文化圏に合わせて想像していた。ユダヤ教ではヘブライ語を、カトリックではラテン語を、イスラム教ではアラビア語を話すと解釈されている。

しかし、書き文字に関しては、天使文字というものが古くから伝わっている。天使文字には、古代メソポタミアのくさび形文字に似たものもあれば、初期のヘブライ語やサマリア語の文字に似たものなど数種類ある。

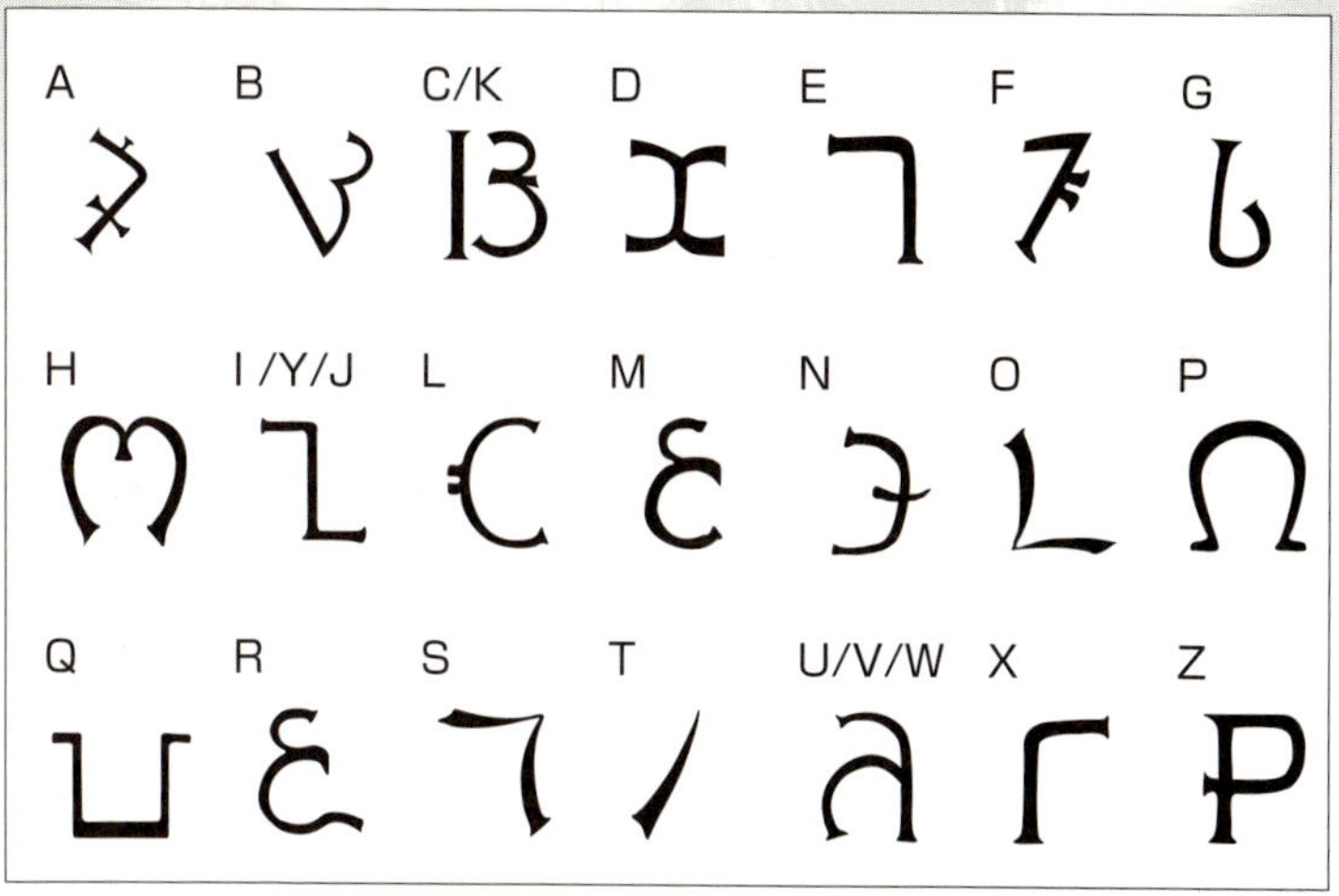

ジョン・ディーが天使から授かったとされる「天使語」。エノク語（文字）とも言われる。

これらの文字には、天界文字、テーバン文字、マラキム文字、などといった呼び名があるが、ユダヤ教のカバラ文献などでは、天使文字は「目文字」と通称される。天使文字が直線や曲線や円から構成され、目のようにも見えるからだ。

天使文字は魔除けや呪文、魔法陣、暗号などに使用された。『天使ラジエルの書』も、その原本は天使文字で書かれていた。同書では、ミカエル、ガブリエル、ラファエルなど、各天使ごとに専用の文字が使われている。同書で使われた文字は、その後も多くの場で天使文字の手本にされた。しかし、この文字の由来は謎に包まれている。

Secret of Angels

人間と天使が共存していた エデンの園

最初の人類が暮らしたといわれるエデンの園。そこは天使に守護される土地となった。

かつて地上に実在した楽園

『旧約聖書』の最初の章である「創世記」のなかで、神が作った最初の人類アダムとイヴが住んでいた楽園、それがエデンである。

エデンは、天上や異界ではなく地上に存在した。その場所は「創世記」では「東の方」と記されている。一本の川がエデンから流れ出て園を潤し、さらにピソン、ギホン、ティグリス、ユーフラテスという四つの川に分かれた。

このエデンの位置にはさまざまな解釈があるが、大まかには、現在のイラク

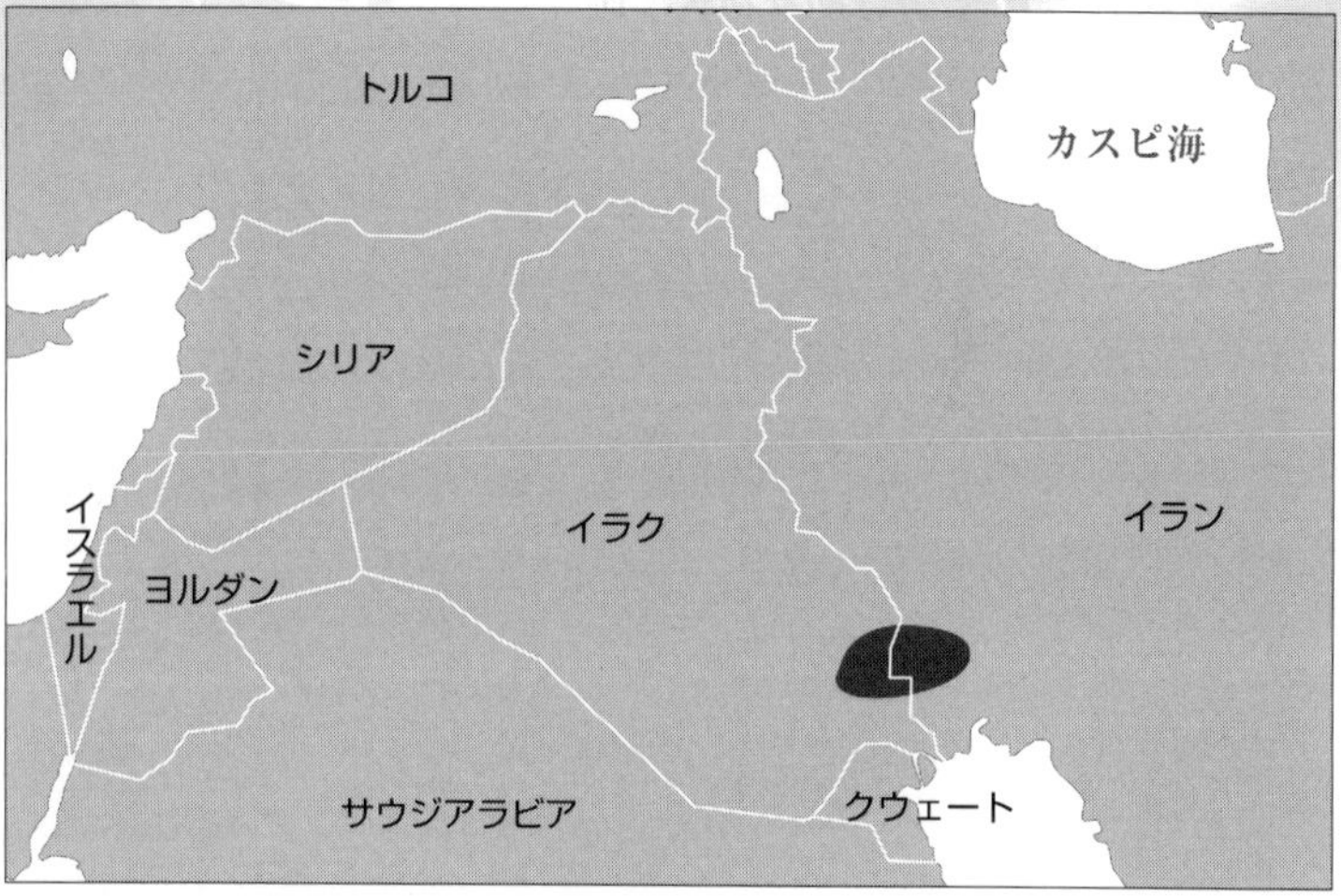

エデンの園だったと言われているイラク南部の湿地帯

からアラビア半島にかけての西アジア地域のどこかと考えられる。

エデンの園には、美しい木々が生え、その中心には「命の木」と「善悪を知る木」があった。

いくつかの聖書の偽典では、アダムとイヴは、エデンの園での生活のため数々の天使の協力を得ていたとされている。エデンでは、人間と天使は友人のような間柄だったのだ。

しかし、アダムとイヴは、悪魔にそそのかされてエデンにある禁断の智恵の実を口にしたため、この楽園を追放されてしまった。

その後、神はエデンの園に天使ケルビムと回る炎の剣を置いて守護させたという。

Secret of Angels

ジャンヌ・ダルクに啓示を与えた天使は誰か？

「オルレアンの少女」は、天使に導かれたのか、それとも悪魔に陥れられたのか？

天使の命令で戦場を駆けた、男装の少女

天使に遭遇したと称する人々は数多いが、なかでももっとも有名なのは、おそらくジャンヌ・ダルクだろう。その数奇な人生は、映画、小説、コミックなどを通じて、日本人にも広く親しまれている。

英仏百年戦争（一三三九〜一四五三年）の末期、フランス北部の農村で生まれた彼女は、異常に信心深いことをのぞけば、ごく平凡な田舎娘として育った。そんな彼女がしばしば天使の声を聞くようになったのは、十三歳のころからだ。

やがて天使は、「祖国フランスを救え」と彼女に命令する。ジャンヌは十七歳のとき、その命令に従って戦地へおもむくことになる。

フランス王太子シャルルは半信半疑ながらも、「神の遣い」を自称するジャンヌに軍をあずけた。男装に身を包んだジャンヌは、一度も正式な軍事訓練など受けたことがないにもかかわらず、みごとに兵たちを指揮し、敗色濃厚だった戦局を逆転させる。これが、フランスの勝利の糸口となった。

だが、ジャンヌはまもなく敵軍の捕虜となり、敵地で宗教裁判にかけられてしまう。教会の聖職者は彼女に「魔女」の烙印を押し、かくて彼女は火刑に処され、炎のなかに若い命を散らしたのだった。

天使か悪魔か人間か？ 諸説紛々の「声の主」

さて、多くのジャンヌの伝記では、彼女を導いた天使はミカエルだったとされている。しかしいっぽうでは、ガブリエルだったという説もある。ジャンヌ自身が法廷でそう証言したという記録が残っているのだそうだ。

ミカエルとガブリエル。いったいどちらが本当なのだろう？ いずれも真実で、両者が代わる代わる、彼女のもとを訪れたのだろうか？

じつは意外にも、裁判にかけられるまで、ジャンヌが天使たちの名を明らか

にしたことはなかったという。彼女は自分の受けた啓示を、単に「声」とか「お告げ」としか呼んでいなかったというのだ。

十九世紀の英国作家ジョージ・バーナード・ショウは、ジャンヌをヒロインとした戯曲を書いたが、その序文で、「彼女は捕らわれたあとになって、声の主を天使だと考えるようになったのではないか」と推理している。なるほど、ミカエルはフランス人からは自国の守護天使とみなされていたし、ガブリエルはお告げの天使。どちらもあとづけで思いつくにはふさわしい名だ。

あの純情なジャンヌが、意図的に嘘をついたとは考えにくいから、彼女が何者かの声を聞き（あるいは聞いたと思い）、それを神の意志ととらえたのは、本当だったのだろう。では、その声の主は何者だったのか？

答えは幾とおりも考えられる。一、通説が伝えるとおり、ミカエルだった。二、彼女が法廷で証言したとおり、ガブリエルだった。三、その両方だった。四、じつは彼女の妄想で、声の主なる者はいなかった。五、じつは血肉を備えた人間が黒幕で、彼女は言葉たくみにだまされ、利用された（この説は合理主義者のあいだではなかなか有力視されている）。六、彼女を裁いた聖職者らが決めつけたように、じつは悪魔が彼女を操っていた……。

いずれが真実か、たしかめるすべはないが、その声の主が彼女を悲惨な最期から救おうとしなかったことだけは、たしかである。

天使の啓示を受けたオルレアンの聖少女ジャンヌ・ダルク

Secret of Angels

十九世紀アメリカに出現した天使とは？

アメリカ生まれの天使が伝えたという経典。それは新興宗派モルモン教会を生み出した。

天使によって伝えられた奇想天外な古代史

数多くあるキリスト教の宗派のなかでも、十九世紀にアメリカで生まれた末日聖徒イエス・キリスト教会、通称モルモン教の信徒のあいだでのみ語り継がれている天使がいる。それがモロナイ（モロニー）だ。

一八二三年、アメリカ北東部のニューヨーク州に住んでいたジョーゼフ・スミス二世は、家族が眠ったのち、光に覆われて極上の純白のローブをまとった天使の訪問を受けたという。それがこのモロナイであった。

モロナイからジョーゼフ・スミスに伝えられたのは、じつに奇想天外な話であった。モロナイはもともと人間で、紀元前にヘブライ人の預言者リーハイに率いられてイスラエルからアメリカ大陸に渡った一族の末裔だという。

このリーハイの一族は、敬虔で肌の白いネフィ人と、背徳的で肌の黒いラマン人の二派に分かれて争い、最終的にネフィの一派は敗れた。のちにラマンの一族がそのままアメリカ大陸の先住民（白人がインディアンと呼ぶ人々）になった。この経緯が綴られた黄金の書板を、モロナイは預言者である父モルモンから託され、彼は死後天使になったというのだ。

ジョーゼフ・スミスは、最初にモロナイの訪問を受けてから四年後、彼の自宅のすぐ近くのヒル・クモラの地に埋まっていた黄金の書板とふたつの宝石を発見する（この地にはのちに、頂上部に天使モロナイの像を置いた祈念碑が建立されている）。

発見された黄金の書板にはエジプトの象形文字に似た古代の文字が書かれ、ジョーゼフ・スミスは書板と一緒に埋まっていたふたつの宝石を使うことでそれを解読したという。このふたつの宝石はウリムとトンミムと呼ばれ、一個の銀の胸飾りにはめこまれており、眼鏡のようだったともいわれる。

当時、書板の発見者ジョーゼフ・スミスのほか、一一人の人間がこの書板を目にしたと伝えられており、のちに彼らは公的な証人と呼ばれる。

黄金の書板とふたつの宝石の行方

ジョーゼフ・スミスは、家族や友人の協力を受けて黄金の書板の翻訳を続け、その内容は一八三〇年に「モルモン経《けい》」として刊行された。

以後、この「モルモン経」の内容を信奉するジョーゼフ・スミスとその支持者は末日聖徒イエス・キリスト教会を名乗り、その教えを広めてゆく。彼らは聖書とは別の「モルモン経」という独自の経典を持つため異端と見なされ迫害の対象にもなったが、しだいにアメリカ内にその信徒を増やしていった。

アメリカ大陸に古代から伝わるキリスト教の経典があったとは、にわかに信じがたい話だ。しかし、もともと初期のアメリカの開拓民は、イギリスで迫害された清教徒（ピューリタン）など、新大陸でキリスト教の理想の国を実現するという意志を持つ人々が少なくなかった。こうした「新大陸こそ神の国」と考えた人々にとって、モルモン経は受け入れやすいものだったのだろう。

ところで、ジョーゼフ・スミスがモロナイの啓示で発見したという黄金の書板とふたつの宝石ウリムとトンミムは、現在はどうなっているのだろうか？

モルモン教会で公式に伝えられるところによれば、書板とふたつの宝石は、その後モロナイが回収して天国に持ち帰ったとのことである。

モルモン教が誕生するきっかけとなった天使モロナイ

Secret of Angels

第一次世界大戦の戦場に現われた天使は何者か？

戦場に舞いおりた白馬の騎士と一団の弓兵。それは天使と聖者の部隊だったのか？

ドイツ軍の大部隊を撤退させた不思議な騎士たち

なんと、二十世紀にも天使が目撃されたという詳細な記録が存在する。

第一次世界大戦中の一九一四年八月末、ベルギーのモンスで、イギリス軍、フランス軍を中心とした連合軍とドイツ軍が対峙していたときの話だ。

連合軍は、ドイツ軍の大部隊を前に苦戦していた。すると、そこに白馬にまたがり黄金の甲冑を身につけた人物に率いられた弓兵の一団が現われ、一斉にドイツ軍に矢を放ち、連合軍の部隊を救ったというのである。

この不思議な騎馬隊を率いていた白馬の騎士が何者だったかには、諸説ある。それは、大天使ミカエルだったとも、また、かつてドラゴンを退治したというイギリスの守護聖人ゲオルギウス（聖ジョージ）、はたまた、百年戦争当時のフランスの英雄ジャンヌ・ダルクだったともいわれる。

この奇蹟の目撃談は、おもにイギリス軍とフランス軍の兵士のあいだで語られているが、捕虜になったドイツ軍人にも、連合軍側に「あの騎馬隊の上官は何者だ？」と質問した者がいた。このとき連合軍の部隊は小規模だったが、ドイツ軍側の記録では、数千人もの大部隊を見たために撤退したとなっている。

当時の新聞や雑誌に記載された数々の証言

一九一五年の四月、カトリック系の新聞『ザ・ユニヴァース』に、匿名のカトリック教徒の士官が、モンスでの奇蹟の目撃証言を寄せた。また、同年八月、ロンドンの『デイリーメール』に載った兵士のインタビュー記事によると、モンスからの撤退時、夜空に不思議な光が浮かび、それが金色の服を着て翼を広げた人物の姿に変わってドイツ軍の戦列の上空を漂ってから消えたという。

このほか、多くの新聞、雑誌で「連合軍とドイツ軍のあいだに天使の部隊が割って入り、ドイツ軍は撤退した」「不思議な光（あるいは輝く雲）がドイツ軍を混乱させて撤退させた」といった内容の記事が書かれている。

また、白衣の人物が戦場をめぐって兵士の傷を癒したという証言も複数あり、この「白衣の戦友」と呼ばれた人物は両手に傷があったので、両手に釘を打たれて十字架に掛けられたキリストその人だったとも噂された。

果たして、モンスの戦場で起きたこれらの現象は何だったのだろうか?

イギリスの作家アーサー・マッケンがロンドンの『イヴニング・ニュース』紙に発表した『弓兵』という短編を、真実だと思い込んだ人たちによるデマだったという説もある（しかし、作品が発表されたのは戦いの一ヵ月後だった）。

また、第一次世界大戦の終結後、一九三〇年にロンドンの『デイリーニューズ』紙で、元ドイツ軍の将校が、モンスでの超常現象は雲に投影した映画だったと証言した。だが、直後にドイツ軍諜報局の人間がこの話を全否定している。

結局、現在にいたるまでモンスでの出来事の真相は謎に包まれたままだ。

天使または聖人が連合軍の兵士を救ったという証言は、過酷な戦場で、神にもすがる思いになっていた人々の願望が生み出した幻影、あるいは都市伝説のようなものだったと考えることもできる。

しかし、モンスの天使が実在したかしなかったかにかかわらず、戦場で苦しんでいた兵士たちが、この逸話に心の救いを得たことは間違いないだろう。

戦場に現われた天使の軍団は、はたして幻覚か現実か!?

Secret of Angels

天使はいつ、誰によって生み出されたのか？

神学者は『旧約聖書』の記述に手がかりを求め、神話研究者は異教の神話に注目する。

神が創りだしたのか？ 異教の神話から移植されたのか？

ユダヤ教・キリスト教・イスラム教の共通の教典、『旧約聖書』の「創世記」には、神が六日間で世界を創ったいきさつが語られている。それによれば、神は初日に「光」、二日めに「天」、三日めに「陸海と植物」、四日めに「天体」、五日めに「魚と鳥」、六日めに「獣と人間」を創ったという。『旧約聖書』の世界観では、万物は神の創造物なのだ。無論、天使も例外ではない。

神が天使を創ったのは何日めなのか、「創世記」には明記されていないが、おなじ『旧約聖書』中の「ヨブ記」には、星々が生まれたとき「神の子らが喜びの声をあげた」との記述がある。星が生まれたのは四日めだから、人類もほかの動物たちも生まれていない。なのにその時点で、すでに「神の子」がいたのだ。おそらくは、これが天使だったのだろう。

キリスト教史上もっとも偉大な神学者のひとり、ヒッポの聖アウグスティヌスは、世界創造の初日に創られた「光」という語が天使も含むと解釈し、この日を天使たちの誕生日と考えた。だが、それをいうなら二日めに創造された「天」に、天使がふくまれるという解釈も可能だ。したがって、神学者たちの見解は一致していない。四日め説や五日め説を唱える学者もいれば、いや、神が世界創造の事業に着手する以前ではないか、と説く人もいる。

他方、ほかの宗教に目を転じれば、古代ペルシア（現在のイラン）で栄えたゾロアスター教の神話に、善神に仕える霊的な存在が登場する。これが天使の原形であり、ユダヤ教に吸収されて天使になったのではないか、という説もある。事実、ペルシア語には「使者」を意味する、アンガロス（angaros）という言葉がある。ギリシア語ではアンゲロス（angelos）。このアンゲロスこそが、「天使」を意味する英語、エンジェル（angel）の語源だ。

バビロニア神話やエジプト神話にも、天使に似た概念がある。これらもまた、少しずつ天使の造形に影響を及ぼしていると推測されている。

Secret of Angels

天使は何人いるのか？

各宗教・各宗派の権威たちが重ねてきた思索の軌跡と、その果てに到達した結論。

天使は無限に増え続ける

古来、天使は非常に数多く存在すると考えられてきた。『旧約聖書』「ダニエル書」の主人公である預言者ダニエルは、天国を幻視した際、「少なくとも一億人」の天使を見たという。『新約聖書』「ヨハネ黙示録」の作者である使徒ヨハネもまた、「数千の数千倍、数万の数万倍」の天使を見たそうだ。

だが、彼らの見た天使が、天使のすべてとは限らない。むしろ、総数はもっと多いと考えたほうが妥当であろう。ユダヤ教の神秘思想カバラの重要文献『ゾハール』には、まず天地創造の際に六億人の天使が創られ、その後さらに新たな天使が創られたと書かれている。

中世のドミニコ会修道士、聖アルベルトゥス・マヌグスは、約四〇億という数字を出し、その弟子である聖トマス・アクィナスは、地上のすべての人間にひとりずつ守護天使がおり、総数はそれよりはるかに多いとした。

単に多いだけではなく、無限に増え続けるという説もある。イスラム教の伝説は、「大天使ミカエルの髪の毛一本一本に一〇〇万の顔がついており、さらにその顔それぞれに一〇〇万の目がある。それぞれの目から七〇万粒の涙がこぼれると、その一滴一滴が智天使になる」と伝えている。三世紀に生きたエジプト出身の教父オリゲネスも、「(天使は)蠅のように増える」と述べた。

が、カトリック教会はこうした説には否定的だ。「天使の数は天地創造のとき以来、確定しており、増えはしない」との立場をとっている。

天使の数を算出しようという試みは、とくに中世の神学界で流行したが、現在では愚かしい行為とみなされるのが通例だ。十七世紀の英国の劇作家トマス・ヘイウッドは、その愚かしさを「(天使の数を数えるのは)無知から誤りをつくりだすことにすぎない」という言葉で表現している。

ところで、現在の世界人口は約六八億。天使が増えないとすれば、我々人間の数は、すでに天使の総数を超えていても不思議はない。

Secret of Angels
Another story

小説編

フィクションのなかの天使と悪魔

作家の想像力と信仰心が悪魔の姿形を決定づけた

天使と悪魔と聞いて、最初に思い浮かべる小説といえば、ダン・ブラウンの『天使と悪魔』ではないだろうか。ただ、この作品はバチカンを舞台にしたサスペンスなので、本書に登場するような天使や悪魔は出てこない。

文学の世界では昔から天使や悪魔が多数登場し、人間を惑わせたり救ったりしている。本書で紹介しているなかでは、やはりダンテの叙事詩『神曲』が最高峰といえるだろう。

ダンテが詳細に、そして壮大に描いた地獄、煉獄、天国のイメージは、それまで漠然としていたキリスト教における死後の世界を、人々にはっきりと印象づけた。かつて天使であったルシファーは、この地獄の最下層で氷漬けにされている。

十七世紀の詩人ジョン・ミルトンが描いた『失楽園』では、天界を追放され地獄に堕ちたルシファーが、アダムとイヴを堕落させ、エデンの園を追放されるように画策する。ダンテの描いた世界観とは異なるものの、ミカエルやガブリエルといった天使たち、ベルゼブブやベリアルなどの悪魔が登場する。

両作品とも、旧約聖書の記述をもとにしたキリスト教文学の代表作といえ、描かれた天使や悪魔の姿形、役割はキリスト教社会にも受け入れられた。後世に与えた影響は大きく、宗教文学のみならず童話、SF、ファンタジーなど多くの作品が生まれた。

なかでも、古今の文学作品を集めた風間賢二編による『天使と悪魔の物語』には、アンデルセンやエドガー・アラン・ポー、ブラム・ストーカー、芥川龍之介など、錚々《そうそう》たる顔ぶれの作家たちが著した、天使と悪魔の物語が多数収録されている。

こうしたキリスト教世界における天使や悪魔とは別につくり出された悪魔もいる。ドイツに昔から伝わる悪魔メフィストフェレスは、ゲーテの戯曲『ファウスト』に登場するや、主人公ファウスト博士に対する道化めいた接し方や、人間を見る達観した姿が話題を呼んだ。一部ではサタンの別名とも呼ばれるほどに人気となった。

作家たちがイメージを膨らませて創造した悪魔も多く『インタビュー・ウィズ・ヴァンパイア』で知られるアン・ライスの描くヴァンパイアクロニクルでは、悪魔メムノックがサタンらと同義の存在とされる。

キリスト教圏以外では、イスラムの民間伝承の集大成ともいえる『アラビアンナイト(千夜一夜物語)』に、イスラムの悪魔ともいえるジンやイフリートが登場する。「アラジンと魔法のランプ」における煙の魔神は有名だが、恐ろしいイフリートと人間との対決のなかで、人間の巧みな誘導によって再び封印される哀れなイフリートを描いた逸話も多い。

文学作品では、圧倒的に悪魔の登場数のほうが多く、天使は最後の救済などに登場する程度ということが多い。それだけ悪魔が魅力的だともいえるが、悪魔と対峙したときの人間の行動こそが共感を呼ぶのかもしれない。

天使に翼がつくようになった理由はなにか？

霊的な存在たる天使は、翼がなくても空を飛べる。彼らに翼を求めたのは人間たちだった。

有翼の天使像を認めるか否か、聖職者は悩んだ

天使の概念は紀元前の昔から存在していたが、背中に翼を持つ天使像が定着したのは、意外に遅い。天使の最初の発見者たるユダヤ教徒は、偶像崇拝にあたるという理由から、天使を絵に描くことを禁じていたからだ。ゆえに、天使は長らく言葉のみによって語られる存在であり、そのビジュアルイメージは、なきに等しかったのである。

そんな従来の禁を破って天使を絵にしたのは、一世紀をすぎてユダヤ教から

分離した、キリスト教徒たちであった。が、初期のキリスト教美術の天使たちは、人に似た姿をしているものの、翼を持つには至っていない。そもそも天使たちは目には見えぬ霊的存在であるから、画家たちが彼らを人に似せて描いたのも、あくまで比喩的な表現にすぎなかった。

四世紀をすぎたころ、画家たちはギリシア・ローマの文化と接触し、そこから強い影響を受ける。冒頭概説でご紹介した愛欲の神エロス、神馬ペガサス、翼の生えた靴で空を駆ける神々の伝令ヘルメスなど、ギリシア神話には翼を持つ存在が多い。とりわけ有翼の美女として描かれる勝利の女神ニケ（ローマ神話ではヴィクトリア。「勝利」を意味する英語「ヴィクトリー」の語源）の姿は、画家たちに大きな感銘を与えた。画家たちはそれらにヒントを得て、天使に翼を付けるようになったのである。以来、翼は地上と天上を行き来する天使の能力を象徴するアイテムとして、天使像には欠かせぬものとなった。

だが、キリスト教の指導者たちは当初、この風潮に難色を示したという。異教の影響があからさまだからだ。初期のキリスト教聖職者らは、ゾロアスター教やカルデアの神話から生まれたと思しき天使の概念自体を、正式にキリスト教の教義に組み込むかどうか、躊躇していた。彼らが最終的にそれを認めざるをえなかったのは、美しいものを描きたいと望む芸術家や、それを歓迎する民衆の声を、封じることができなかったからであろう。

Secret of Angels

神以外にも天使を生むものがいる

天使を創造できるのは神だけというのが、現在の通説。だが、唯一の例外もあるという。

彼の口から出る言葉は、すべて歌う天使になる

現在のローマ・カトリック教会は、「天使の数は天地創造のとき以来、増えも減りもしていない」という立場をとっている。イスラム教には、「ミカエルの髪の毛から無数の天使が生まれる」といった伝説もあるが、これはイスラム教全体の公式見解というわけではなく、いわば俗説にすぎない。イスラム教の聖典『コーラン』には、単に「天使は大勢いる」としか書かれていない。

グノーシス主義の神話には、アイオーンと呼ばれる天使に似た霊的存在が登場し、その代表格であるソフィアやデュナミスが、ほかのアイオーンを生む能力を持つとされている。しかし、グノーシス主義はキリスト教諸宗派からよく「異端」と称されるので、伝統的な天使論とは流れをやや異にする。

総じて通常の天使論のなかでは、「天使が新たに生まれたりすることはない」というのが、もっとも一般的な説であるようだ。天使を創造する力をもっているのは、神ヤハウェだけなのである。

ただし、ユダヤ教のタルムード（口伝律法を文書化したもの）の一編、『ハキガ』には、ラドゥエリエルなる天使が、神以外で唯一、天使を生み出す力をもっていると記している。彼の口から出る言葉のすべてが天使となり、神を讃える歌（三聖誦）を歌うというのだ。

そんなラドゥエリエルの肩書きは、「記録天使」である。天地のあらゆるできごと、人々の善行や悪行をあますところなく記録し、神に提出するのが彼の役目だ。こうした任を司る天使は彼以外にも複数いて、ラジエル、プラヴュイル、ダブリエルなどが、彼の同僚として挙げられる。

無論、その同僚たちのなかにも、天使を生む特異な能力を持つ者はいない。それゆえか、ラドゥエリエルは『旧約聖書』外典「第三エノク書」では、「熾天使より上位に立つ至高の存在」として描かれている。

Secret of Angels

どうして「天使＝女性」となったのか？

かつて男性として描かれるのが一般的だった天使たち。その女性化は、中世から始まった。

肉体のない霊的な存在ゆえに男でも女でもない

十九世紀半ば、クリミア戦争で従軍看護師として献身的な看護にいそしんだナイチンゲールは、負傷兵たちから「クリミアの天使」と呼ばれた。その後継者である女性看護師たちも、よく「白衣の天使」と呼ばれる。また映画などのフィクションには、キュートな女性天使が登場することも多い。

このように近現代では、天使は女性というイメージがすっかり定着している。だが、新旧『聖書』やその外典・偽典に、女性天使に関する記述はほとんどない。天使を女性とみなす根拠は、意外に薄弱なのだ。

女性と天使を結びつけたのは、中世ルネサンス以降の芸術作品である。このころから、世間では優しい天使像が好まれるようになり、画家たちはその世相を反映して、天使たちを女性的に描くようになったのだった。

とりわけお告げの天使であるガブリエルは、絵画ではあからさまに女性として描かれることが多い。フラ・アンジェリコの『受胎告知』、レオナルド・ダ・ヴィンチの『岩窟の聖母』、ラ・トゥールの『聖ヨセフの夢』などがその典型。ゆったりした衣装で肉体の線を隠しているものの、顔は明らかに女性だ。

これは、ガブリエルを女性とみなす民間伝承が、広く流布していたことを受けての表現である。ガブリエルは「神の玉座の左側に立つ（座す）天使」と称されるが、ユダヤの習慣では、左は女性の立ち位置なのだ。

妊娠や出産と関わりが深いことも、こうした説を生んだ一因だろう。たとえば四世紀の神学者・聖ヒエロニムスは、ガブリエルが聖母マリアに神の子イエスの受胎を知らせた「受胎告知」の際、マリアは相手が同性と悟って緊張を解いた、といった解釈を提示している。

ただし、多くの神学者や聖職者は、天使は本来、肉体をもたぬ霊的な存在で、男でも女でもないと主張する。ガブリエルも必要に応じて、男性の姿になったり女性の姿になったりして、両方を使い分けていたのかもしれない。

Secret of Angels

死の天使アズラエルのスマートな仕事ぶり

最初の人間アダムを創造したのは、もちろん神だ。だがその裏には、天使の助力があった。

人間の誕生に貢献し、死神の能力を手に入れた天使

「死の天使」の代表格であるアズラエル（イスラム教ではイズラーイール）は、人間の魂を肉体から抜き取ることにかけては、ほかの同僚たちより格段に優れた手腕を持つという。

そもそも人間は本能的に死を恐れ、忌み嫌うもの。「死の天使」が迎えにきても、かたくなに抵抗することが多い。だから「死の天使」たちは、彼らの魂を奪うのにしばしば苦労させられる。モーセを迎えにいって撃退され、失明し

たサマエルの逸話は、その好例であろう。

その点、アズラエルはもっとスマートに仕事をこなす。イスラム教の神秘主義スーフィズムの伝承によれば、彼は美しい若者の姿で死の床にある人間をたずね、相手を魅了し、恋に落ちたような状態にしてしまうという。そこでアズラエルが手を伸ばすと、人間はあっさり魂を引き渡すのだそうだ。

このあざやかな仕事ぶりが冷酷に見えるせいか、ユダヤ教の神秘主義者は彼を「悪の具現」と呼ぶ。アラブの伝承では、彼はつねに大きな本を携え、絶えずそれに誕生する人の名を書いたり、死ぬ人の名を消したりしているとされるが、たしかに天使というよりは死神に似た、負の印象が強い。

イスラム教の伝説は、彼がこうした力を手に入れたいきさつを、次のように語っている。神が最初の人間アダムを創造したときのこと。神はその材料となる七色の土を探してくるよう、ミカエル、ガブリエル、イスラーフィール、そしてアズラエル（イズラーイール）の四人の天使に命じた。だが、四人のなかでみごとにその役目を果たしたのは、アズラエル（イズラーイール）のみ。そこで神は、その手柄に対する褒美として、人間の魂を奪う力を彼に与えたのだ。

人間の誕生を手伝った褒美が、死をもたらす能力というのも皮肉な話だが、考えてみれば生死は表裏一体。神は創造主だけの特権としてその一方を自分の手中に残し、もう一方をアズラエルに託したのかもしれない。

Secret of Angels

容赦なく人間を罰する恐るべき天使たち

地獄は「破壊の天使」や「懲罰の天使」の住みかでもある。彼らはそこで罪人を罰する。

天使のなかにも地獄に住む者がいる

現代人はとかく天使を優しい存在と思いがちだが、天使のなかには意外に無慈悲で残忍な者も多い。前項で紹介した「死の天使」たちもそうだが、より恐ろしげなのが、「破壊の天使」や「懲罰の天使」たちだ。

彼らはいずれも罪人に罰を与える存在で、しばしば同一視される。強いて線引きするなら、大量の罪人を一挙に処罰する場合に「破壊の天使」、個人を罰する場合に「懲罰の天使」と呼ばれることが多いようだ。

「破壊の天使」が登場する文献としては、『旧約聖書』「創世記」と『新約聖書』「ヨハネの黙示録」が、ともに名高い。前者ではふたりの「破壊の天使」が、背徳の町ソドムとゴモラに火や硫黄を降らせ、これを滅ぼす。後者では七人の「破壊の天使」が、ラッパを吹き鳴らしつつありとあらゆる災厄を地上に注ぎ、世界を滅ぼすことが預言されている。

なお、ユダヤの伝説によれば、「破壊の天使」は非常に大勢おり、うち九万人が地獄に住んでいるという。そこで彼らは、朝から晩まで罪人たちを炎の鎖で鞭打ち続け、彼らを責めさいなんでいるそうだ。この残酷さから、彼らはじつは神ではなく悪魔に仕えているのではないか、という声もある。

「懲罰の天使」の代表としては、アフ、ヘマハ、マシトの三人組を挙げておこう（ケゼフとハスメドを含め五人組とされることもある）。アフの名は「怒り」を、ヘマハの名は「憤怒」を、マシトの名は「破壊」を意味する。彼らもまたゲヘナ（地獄）に住み、偶像崇拝、近親相姦、殺人の罪を犯した者を罰するという。彼らは「死の天使」も兼ねており、アフは人間の死、ヘマハは家畜の死、マシトは子どもの死をつかさどる。

後年、「天使は優しい」というイメージが一般化するにつれ、それにそぐわぬ彼らは次第に冷遇されるようになっていった。ヘマハがモーセに殺害されたという伝承も、そんな風潮の反映であろう。

Secret of Angels

「出産の天使」に助力を得る方法とはなにか?

誕生を控えた赤ん坊がデーモンに狙われている。七〇人の「出産の天使」たちの出番だ!

ただの迷信か、れっきとした祈祷か? 安産のおまじない

「死の天使」、「破壊の天使」、「懲罰の天使」と、現代人の思い描く優しい天使像とはかけ離れた、恐ろしい天使たちの紹介が続いた。ここではその反対の、いかにも天使らしい天使、無垢なる赤ん坊やその母親たちを守護してくれる、ありがたい存在にご登場願おう。「出産の天使」たちである。

ユダヤ教の伝承によれば、流産や死産などの不幸は、魔女リリスをはじめとするデーモンが、出産の邪魔をすることによっておこるとされている。「出産

の天使」たちはそうした妨害を防ぎ、赤ん坊の誕生を手助けすることを役割とする。

『天使ラジエルの書』は、この肩書きを持つ天使は七〇人いるとし、そのすべてをリストアップしている。しかしこのリストには、同じ天使の名が二度登場するなど、明らかなミスと思われる箇所も多い。おそらく重複している箇所には、別の天使の名が入るのだろう。

その候補の筆頭格が、「子宮の天使」の異名を持つアルミサエルだ。『天使ラジエルの書』のリストには洩れているが、難産の苦痛をやわらげてくれるという彼特有の仕事は、「出産の天使」に通じるところがある。

ユダヤ教の教典タルムードは、彼の助力を請うための具体的方法として、妊婦の前で『旧約聖書』「詩篇」の二〇章を九回唱えよと述べている。ただし、一度で効果が出るとはかぎらない。試してみて効果がないようなら、「詩篇」をさらに九回くり返すこと。それでも駄目なら、「お願いします、子宮を司る天使アルミサエル様、この女とその胎内の子どもを助けてください」と、あからさまに祈るしかないそうだ。

「出産の天使」にリストアップされることはないが、サンダルフォンもまた、出産に関わりの深い天使だといえる。なぜなら、これから生まれてくる赤ん坊の性別を決定するのが、ほかでもない彼だからである。

Secret of Angels

日本沈没を予言した謎の天使「ハラリエル」

二十世紀の霊能者と交信したという謎の天使。彼は日本にとって穏やかでない予言も残していた。

エドガー・ケーシーに降霊して不吉な予言を言い残す

二十世紀初頭にアメリカで活動した霊能者エドガー・ケイシーは、降霊実験を通じて天使から伝えられたとされる予言を数多く残している。

まず、一九二八年にはケイシーとその仲間が集会を行なっていると大天使ミカエルが現われ、さらに一九三〇年代の半ばになると、ハラリエルと名乗る天使がたびたびケイシーの口を通じて語りかけるようになったという。

このハラリエルが一九三四年に行なった予言に、以下のようなものがある。

地球はアメリカの西側で分断され、日本の大部分は海中に没し、北欧は瞬きする間に様相が変わる。アメリカ東海岸に陸地が出現する。北極と南極に異変が起こり、熱帯の火山噴火が誘発され、さらに地軸が移動する。寒帯あるいは亜熱帯であった地域が熱帯となり、コケやシダが生い茂るようになる……以上の現象が一九五八年から一九九八年に始まる、というのだ。

日本の沈没が予言されているのは穏やかではないが、一九九八年をすぎた現在も日本は健在だ。しかし、よく読むと「一九五八年から一九九八年に始まる」と書かれている。予言というのは大抵は多様に解釈できるものだが、同時に寒帯の熱帯化などが語られているので、少々ひねった見方をすれば、これは地球温暖化の進行を予見したものとも読めなくはない。

もっとも、ハラリエルは大災害や大惨事などの暗い予言ばかりするうえに、ケイシーの霊能研究団体の運営を妨害するかのような態度を示したのでうとまれるようになり、最終的にはケイシーの仲間たちは彼を拒絶することを決め、ハラリエルも二度とケイシーの降霊集会に現われなくなったという。

ケイシーの予言に関わったこのハラリエルは「halaliel」と記されるが、彼の名は古代からの文献には見られない。つまり由来が少々あやしい天使である。ただし、偶然なのか、ヘブライの魔除けにもハラリエルという天使の名があり、こちらは「harariel」と記される。両者の関係は不明だ。

Secret of Angels

幻の書物『天使ラジエルの書』にはなにが書かれているのか？

持つ者に神秘の知識を授ける幻の書物。著者は神の秘密を知る天使だった。

アダムとその子孫に継がれた神秘の書

神の神秘を守る天使ラジエルは、天と地のあらゆる知識を一冊の書物に書き記したといわれる。それが『天使ラジエルの書』だ。

その内容は、ほかの天使にさえも明かされていない宇宙の謎の一五〇〇の鍵、天使の文字や言葉、護符や魔除けの作り方、生命や霊や地獄について、さらにはエデンの園の区割りなど、あらゆる神秘が記されたものだった。

『天使ラジエルの書』は、最初の人間アダムがエデンの園を追放されたとき、彼を憐れんだラジエルからアダムに授けられた。また、神の意志によってラジエルがアダムにこの書物を与えたとされている場合もある。

しかし、この書物には天使すら知らないことが多く書かれていたので「人間ごときが神秘の知識を手にするなんて」とばかりに反発を受けたようだ。一度は、ほかの天使によりアダムから奪われ海に捨てられたこともあった。

もっとも、海に住む死の天使ラハブによって『天使ラジエルの書』は回収され、再びアダムのもとに戻されて、代々アダムの一族に継がれた。

その後、『旧約聖書』に登場するアダムの子孫エノクは、この書物から多くの知識を身につけ、のちに天使メタトロンとなった。

さらに後年、同じく『旧約聖書』に登場するノアは『天使ラジエルの書』の内容をもとに方舟を築き、神による大洪水を生き延びたと伝えられている。

そして、古代ヘブライのソロモン王も、この『天使ラジエルの書』を手にしたことによって多くの魔術を身につけたという。

伝説によれば『天使ラジエルの書』の原本はサファイアでできていたといわれる。しかしその原本は失われ、写本のみが後世に伝わっている。

『天使ラジエルの書』の写本とされるものは、少なくとも十三世紀から存在していた。一説によれば、その真の作者は、ヴォルムスのエレアザールというカバラ学者ではないかとも言われているが定かではない。

Secret of Angels

聖書の外典、偽典に描かれた天使の真の姿

天使について伝えた古代の文献の数々。それらは異端の偽書だったのだろうか。

天使に関する隠れた資料の数々

意外なことだが『旧約聖書』『新約聖書』の公式な正典には、天使の名前はほとんど出てこない。では、後世に書かれた天使に関する著作は何を参考に書かれたのか？　そこで聖書の外典、偽典と呼ばれるものが出てくる。

外典、偽典は、ユダヤ教、キリスト教に関連した古代の文献で、聖書の成立と前後する紀元前三世紀～紀元後三世紀に書かれた。いずれも、四世紀ごろまでのキリスト教会では、正統な聖書の一部として流通していた。

外典はアポクリフと呼ばれ、これはギリシア語の「隠す」という語に由来する。文字どおり、公式な正典からは隠れた位置にある書物だ。主要な外典としては「トビト記」「エズラ記」「マカバイ記」などがある。

十五～十六世紀に発生した宗教改革の過程で、外典を異端と見なすか否かの論議が起こり、プロテスタント（新教）派は、外典を聖書には含めないとの結論をくだす。これに対抗するカトリック（旧教）派は、外典も聖書に含めるとしたが、多くの場合、外典は公式な正典より低く扱われている。

しかし、天使ラファエルについて詳しく語った「トビト記」など、外典には天使に関する記述が少なくない。このため、外典は天使の世界を探究する学者や芸術家などに古くから読まれていた。

さらに、偽典とされるものもある。こちらは正統とは見なされず外典からも外されたものだ。主要な偽典には「エノク書」「ヨベル書」などがある。

なかでも天使メタトロンの前身であるエノクによって書かれたという「エノク書」は、後世ではとくに天使に関する重要な資料とされてきた。同書では、エノクが十階層からなる天上を旅する場面や、さまざまな天使たちの名前や性格、その役割などが詳しく述べられている。

しかしながら、後世の教会からは、エノクの名を冠してはいるが作者不詳の書物と見なされており、そのため偽典として扱われている。

Secret of Angels

天使と交信したルネサンスの才人

自然科学と神秘思想が混然とした近世初頭。天使の研究はオカルトではなく科学だった。

天使の言語を記録した博識万能人間

天使や悪魔についての研究を重ねた人間と言えば、現代では宗教やオカルトの専門家だと思われがちである。しかし、その昔、魔法と科学の区別は曖昧だった。十六世紀に天使の言語を研究したジョン・ディーはすぐれた数学者であった。

このジョン・ディーは、イギリスのエリザベス一世女王の政治顧問を務め、機械工学、航海術、地理学、天文学などを研究し、とくに数学ではユークリッド幾何学をイギリスに広めたことで名高い。一部では、レオナルド・ダ・ヴィンチとも並ぶルネサンス時代の博識万能人間とも呼ばれている。

その一方で彼は、魔術、占星術、錬金術などにも深く傾倒していた。当時はそれらも自然界を理解するための学問と見なされていたのだ。

天使との交信を試みていたディーは、一五八一年、エドワード・ケリーという霊媒師に出会い、数年間にわたって共同で天使との対話を行なった。

天使ウリエルらがケリーの口を借りて語り、天使はディーにエノク語という言語を示した。これはかつて最初のアダムが楽園に住んでいた当時に使用していた言葉とされる。エノク語は独自の文法と構文を持ち、その発音は、サンスクリット語、アラビア語、ギリシア語に似ていたという。

また、ジョン・ディーは水晶占いに使う石を「天使の石」と呼んで愛用し、それを天使ラファエルとガブリエルからの贈り物だと考えていた。

ディーは天使が使ったというエノク語の分析のほか、さまざまな神秘現象について書き残している。しかし、ディーの存命当時から、彼の相方のケリーは詐欺師で、ディーの霊媒はインチキだという説が方々で囁かれていた。

最終的には、ディーはさまざまな問題からケリーとも決裂し、オカルトに傾倒しすぎたためもあって大学での職を失い、淋しい晩年を送る。

だが、ディーの研究は、十九世紀に入るとアレイスター・クロウリーら一部の魔術研究者によって再び注目を集めることになった。

Secret of Angels

天使が大暴れし、人類を滅ぼす「最後の審判」とはなにか？

「黙示録」に予言された世界最後の日。優しいはずの天使たちが大暴れし、人類を滅ぼす。

天国に昇るか、地獄に堕ちるかは天使が決める

天使を描いた絵画のひとつに、ミケランジェロの『最後の審判』がある。カトリックの総本山バチカン市国の、システィーナ礼拝堂を飾る壁画だ。

世界最大の壁画として有名なこの絵のなかには、大勢の人間と天使が混在し、しかも天使たちには翼がついていないため、人間との区別がつけづらい。しかし、画面中央の下部で宙に浮いている群像が、天使であることは明白だ。七人がラッパを手にしているからである。『新約聖書』「ヨハネの黙示録」によれば、

七人の天使が吹くラッパが、「最後の審判」の合図になるのだ。

「黙示録」は、その様子をこう記している。第一のラッパで地上の三分の一が焼け、第二のラッパで海の生き物の三分の一が死滅する。第三のラッパで川の水が毒に変じ、第四のラッパで星が落ち、第五のラッパではサソリのような針をもつイナゴの群れが人々を襲う。第六のラッパが鳴ると、二億の騎兵を率いた四人の天使が出現して人間の三分の一を虐殺し、さらに第七のラッパで、大地震が起きて大粒の雹《ひょう》が降ると――。このあと、さらに七人の天使（ラッパの天使と同じ面々かどうかは不明）が、鉢に盛られた神の怒りを次つぎに地上へ注ぐ。するとまたしても、人びとに悪性の腫れ物ができたり、水が血に変わったり、太陽が人びとを焼くといった惨事が続発する。

だが、使徒ヨハネが幻視した以上の光景は、あくまで「審判」の準備段階にすぎない。「最後の審判」は、右のような惨劇を経て、世界が滅びたあとに始まるのだ。キリスト教の教義では、このときすべての死者が蘇り、その生前の行ないによって、天国行きか地獄堕ちかが決定される。事実、ミケランジェロの絵にも、上方には天使に連れられて天国へ昇る人々が、下方には地獄で苦しむ人々が描かれている。

このとき、天秤を用いて魂の重さをはかることで、人々を選別するのが、天使ミカエルだといわれている。ミカエルは魂の「仕分け人」だったのだ。

Secret of Angels

グノーシス主義の天使
アイオーンとはなにか？

キリスト教の傍流に当たるグノーシス派。
その天使は神秘的な象徴性を示していた。

古代宗教の諸要素が混淆《こんこう》したグノーシスの天使

グノーシス主義とは、二～三世紀に隆盛をほこったキリスト教の一派だが、古代ギリシア、エジプト、ペルシア、メソポタミアなどの神秘思想の要素が数多く入っており、後世のキリスト教会からは異端視されている。

グノーシスとはギリシア語で「知識」を意味し、グノーシス派は日常的な信仰より神秘的な知識の探求を目的とした。グノーシス派の中心地は、地中海と西アジアの文化が入り交じるエジプトの国際都市アレクサンドリアである。

グノーシス主義では、アイオーン（アエオン）と呼ばれる天使が重要な役割を果たしている。グノーシス主義でのアイオーンとは、霊体、精霊と訳されるが、本来アイオーンとはギリシア語で「時」を意味した。

アイオーンは愛や真実といった概念を擬人化したもので、神から流れ出た霊体とされる。ある意味では、唯一神の使者とされるユダヤ・キリスト教の天使より、ギリシア神話などの古代の多神教の神に近い概念ともいえる。

グノーシス主義の宇宙観には諸説が入り乱れており、一部では、一年を構成する日々と同じく三六五のアイオーンが存在するとされているが、また一方では三〇のアイオーンがいるとする説もある。

智恵や力を象徴したアイオーンたち

アイオーンのなかでもとくに重視されるのが、知性と創造を司る天使のソフィアだ。グノーシス主義では女性原理を神聖視する傾向が強く、ソフィアは女性の天使とされている（ただし、両性具有とされる場合もある）。

『旧約聖書』では、アダムとイヴが智恵の実を食べたことは罪だとされているが、知識を重んじるグノーシス主義では、創造神のひとりがアダムとイヴを騙していたため、ソフィアが智恵の実を食べさせたと語られる。また、キリストを地上に送ったのもソフィアであるとされている。

一方、力を象徴するアイオーンがデュナメス（デュナメイス）で、こちらは男の天使である。彼が司る「力」とは、物理的な肉体の力ばかりでなく、魔術的な力や自然界の力も含むものだ。

なお、ギリシア語での彼の名「dynamcs」は、そのまま英語で「動的な」を意味するダイナミック「dynamic」という語句に通じている。

最高にして最後のアイオーンと呼ばれるのがアブラクサスである。彼の名は古代には神々、太陽、天使、悪魔などを総称する語としても使われた。

アブラクサスは、光と闇など相反する要素の融合を体現した存在だ。

グノーシス派の護符などでは、アブラクサスは、頭は雄鶏、両脚は蛇の姿で描かれる。雄鶏の頭は予見の能力を、両脚の蛇は精神と理性を象徴する。さらに、男性と女性を象徴する太陽と月、力を象徴する鞭と智恵を象徴する盾、といった対をなす寓意を込めた記号が描かれている。

さらに、このアブラクサスと三人組のセットとして語られることの多い天使として、ガマリエルとサムロというアイオーンが知られている。この両者は、選ばれた者を天国に連れて行く役割を担う天使だ。

もっとも、グノーシス派を異端とした教会では、アブラクサスやガマリエルなどのアイオーンを悪霊（デーモン）の一種と見なしていることもある。

雄鶏の頭を持ち、蛇の脚を持つ、グノーシスの天使アブラクサス

Secret of Angels
Another story

フィクションのなかの天使と悪魔
映画編

意表をつく天使
現代に順応する悪魔

ゆったりした衣装をまとい、純白の翼を持つ美男美女。そんな通俗的な天使像を覆すことに、映画は精力的にとりくんできた。

その先駆となったのが、『素晴らしき哉、人生!』(46年/米)に登場する、蝶ネクタイにソフト帽といった格好の老人天使だ。翼を持たぬ二級天使である彼は、人生に絶望した主人公を救うことで手柄を立て、翼を得ようと奮闘。本作以降、映画では現代的な服装の中高年男性の天使が定番化した。

たとえば『天国から来たチャンピオン』(78年/米)の天使長は、スーツ姿の紳士。天国の手違いで寿命より早く急死した主人公のため、誠実な対応をみせる。

『ベルリン・天使の詩』(87年/西独・仏)は、ロングコートに長髪といった身なりの天使が主人公だ。彼は人間の女性に恋して人間に生まれ変わるが、その途端、モノクロだった映像がカラーに変貌。そのあざやかな対比で、天使と人間の差が表現された。

『マイケル』(96年/米)の天使は、翼があることを除けば、中年男の欠点を寄せ集めたようなキャラだ。太り気味のうえ、タバコをふかし、砂糖をたっぷりかけたシリアルを食らい、下品なジョークまで口にする。

対照的に、『天使とデート』（87年／米）にはとびきりキュートな女性天使が登場。人工衛星に衝突して地上に転落した彼女は、人間の青年と恋に落ちた。

以上の作品の大半がそうであるように、天使の映画はコメディタッチになることが多い。いっぽう悪魔の映画は、衝撃的な残酷シーンが呼びものの、ホラーになるのが通例だ。

代表的なのが、『新約聖書』「ヨハネの黙示録」に記された「獣の数字666」を、一躍有名にした『オーメン』（76年／米）や、同じく悪魔祓いの儀式を知らしめた『エクソシスト』（73年／米）だろう。

悪魔の子を宿した妊婦の恐怖を描いた、『ローズマリーの赤ちゃん』（68年／米）も有名。同作の監督ロマン・ポランスキーは、『ナインスゲート』（99年／仏・西）でも、ルシファーが書いた書物をめぐる悪魔映画に挑んでいる。

演技力に定評のある名優が悪魔役に扮することが多いのも、この分野の特徴か。ファウスト伝説を下敷きとした『悪魔の美しさ』（49年／仏）では、ジェラール・フィリップがメフィストフェレス役を、『エンゼル・ハート』（87年／米）ではロバート・デ・ニーロがルシファー役を演じた。『ディアボロス 悪魔の扉』（97年／米）ではアル・パチーノがミルトンなる悪魔を、『エンド・オブ・デイズ』（99年／米）ではガブリエル・バーンがサタンをそれぞれ怪演。

これらの悪魔はたいてい、人間として現代社会にすっかり溶け込んでいる。ひとめでそれとわからぬ分、どこに潜んでいるかわからない辺りが、かえって不安をつのらせ、恐怖を高めるという効果をあげている。

Secret of Angels

カラフルな翼を有するイスラム教の天使たち

神の遣いはキリスト教だけのものではない。意外に華やかなイスラム世界の天使とは。

キリスト教と起源を同じくする中東の天使

じつは、イスラム教には数々の天使が存在する。そもそも、イスラム教は、キリスト教・ユダヤ教の『旧約聖書』と同じ世界観のもとにあるのだ。

七世紀に中東でイスラム教を創始したムハンマド（マホメット）は、同じく中東のイスラエル地方で発生したユダヤ教の預言者モーセ、キリスト教の預言者キリストに続き、最後に神の言葉を授かった人間とされる。

とはいえ、多くの人がイスラム教の天使に馴染みが薄いのにも理由がある。

■イスラム教の天国

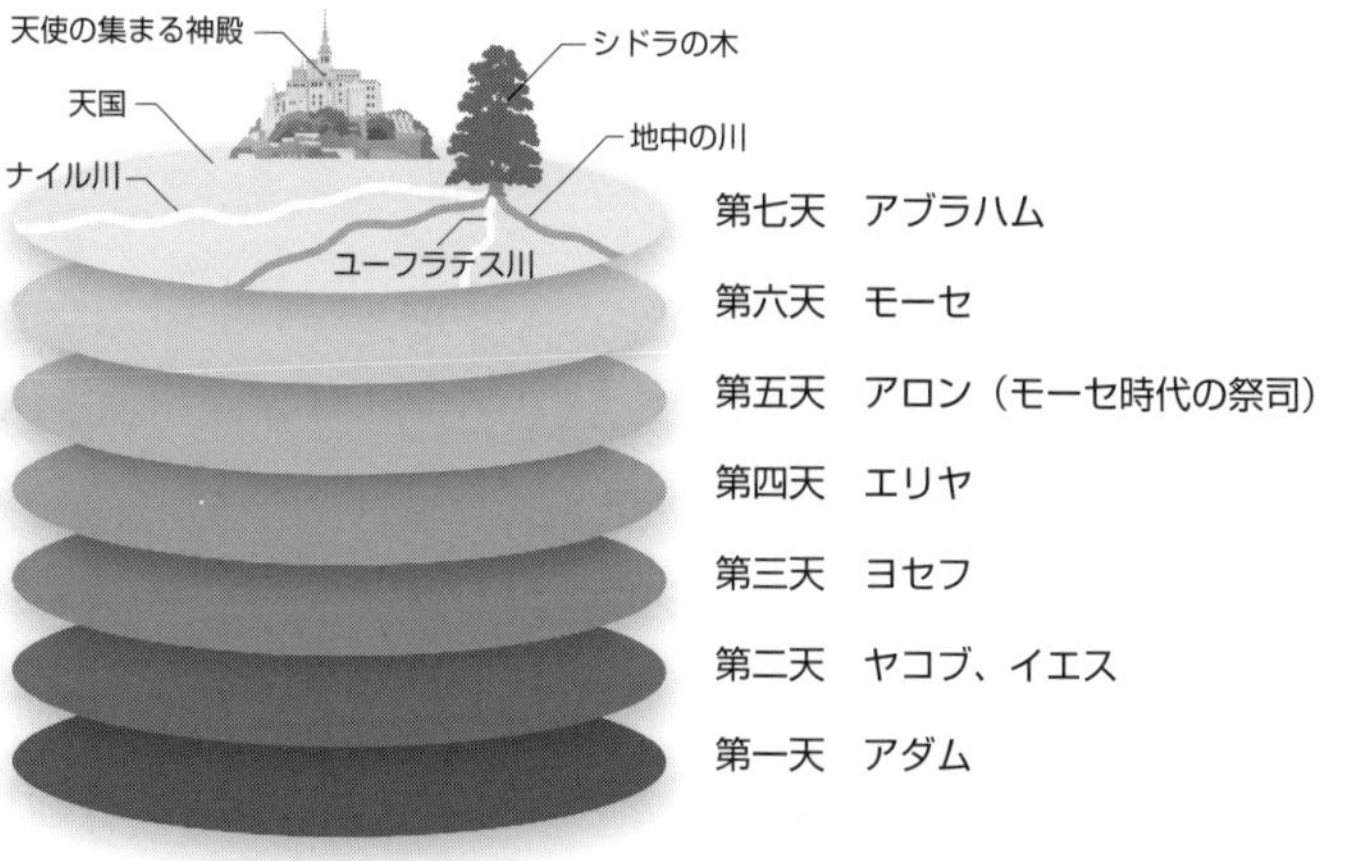

本来、イスラム教では偶像崇拝を禁じているので、神と同じく崇拝の対象となる天使の図画や像はほとんど存在しないのだ。

ただし少数ながら、中世のトルコなどでは天使の図も描かれている。それらは、赤や緑などのカラフルな翼を有しているのが特徴だ。ヨーロッパではたいてい天使の翼は白いが、これは古代ギリシアの女神像の影響だといわれる。

しかし、キリスト教の天使もイスラム教の天使も起源は同じで、もとは古代の中東の伝承に登場する精霊などだ。このため、イスラム教では、ガブリエルやミカエルといったキリスト教の天使と同一視される天使も多い。

Secret of Angels

イスラム教の四大天使とはなにか？

イスラム教の成立にも関わった数々の天使。そのイメージはキリスト教天使とは異質だ。

聖書の世界観を引き継いだ四大天使

イスラム教の天使（マラーイカ）のなかでも、ジブリール、イズラーイール、イスラーフィール、ミーカーイールは、「四大天使」と呼ばれる重要な存在だ。この四者はアラビア語でケルビム（智天使）と総称される。

イスラム教の伝承では、旧約聖書に登場する最初の人間アダムは、この四大天使が大地の四方より集めた土から生み出されたとされている。

イスラム教の経典『コーラン』では、天使が登場する場面がいくつもあるが、四大天使たちの名前は直接には語られていない。しかし、後世の多くのイスラム神学者が、『コーラン』の各場面に登場する天使がそれぞれ誰であるかを分析し、その注釈が現在まで語り継がれている。

個性豊かなアラビア伝承の天使たち

ジブリール（ジャブライール）は、キリスト教でのガブリエルに相当する。彼はムハンマド（マホメット）に『コーラン』の内容を伝えた天使だ。

『コーラン』の第一七章「夜の旅の章」では、夜にムハンマドのもとを訪れたジブリールが、女人の顔を持つ天馬ブラークにムハンマドを乗せてメッカからイスラエルの神殿に運び、数々の神の言葉を伝えた場面が語られている。

一部ではジブリールを人間的に描いた文献も遺されているが、後世の伝承によれば、ジブリールは六〇〇枚以上の緑色の翼を持ち、両眼のあいだには太陽が、髪の毛の一本一本には月と星の輝きがあると伝えられている。

イズラーイールは、死の天使として死者の魂を神のもとへ運び、その役割からユダヤ教でのアズラエル、キリスト教ではラファエルに相当する。

彼は人間の姿で現われたという伝承もあるが、四万の翼と七万の足を持ち、目と舌は人間の数と同じだけあるといわれる。

イスラーフィール（サラフィエル）は復活と音楽の天使で、その名は「燃えているもの」、あるいは「神の火」を意味する。

イスラム教でも最後の審判の概念があり、このときイスラーフィールは角笛のラッパを吹き鳴らして死者を呼び覚ますという。

一説によれば、イスラーフィールはジブリールがムハンマドのもとを訪れる以前、三年間にわたってムハンマドのもとにいたと伝えられている。

彼は四枚の翼を持ち、その一枚は東方、一枚は西方を覆い、もう一枚は天から地までを覆い、もう一枚はベールとなって神の荘厳さと彼を分け隔てており、足は地上にありながら頭は神の玉座の支柱に触れるという。

ミーカーイールは、キリスト教でのミカエルに相当する。智恵と知識をつかさどる天使で、イスラム教の四大天使のなかでは四番目に重要な天使だ。

彼は七階層ある天上世界の第七天の「脹《ふく》れた海」にいる。

その外見はやはり非人間的で、百万の顔を持ち、顔の一つひとつに一〇〇万の目と一〇〇万の舌があり、それぞれに異なる言語を話すという。翼はジブリールと同じく緑色（エメラルド色）で、サフラン色の毛を持つとされている。

以上のように、イスラム教の四大天使は、もっぱら非人間的で巨大な姿に語られているのが特徴だ。どうやら、偶像崇拝を禁じた文化のため、あえて絵にできないような抽象的な表現をしているかのようである。

光輝く巨大な翼を有するとして伝えられるイスラム四大天使

Secret of Angels

天使が地獄の門番を務めるイスラム教

天国ばかりでなく地獄でも働く天使たち。『コーラン』に書かれたその役割の数々。

イスラム教では地獄の所有者も番人も天使たちである

イスラム教の地獄は、ジャハンナムと呼ばれる。普通、天国は天使の領域だが地獄の方は鬼や悪魔の領域と思われがちだ。しかし、イスラム教の世界観ではジャハンナムで働いているのも天使たちなのだ。『コーラン』の第七四章である「外衣をまとう者の章」では、地獄の劫火の上には、その番人として一九人の天使がいると記されている。この天使たちは、背信者たちを試練にかけるのが仕事だ。

そして、この地獄の所有者とされるのが天使マリク（マーリク）である。彼は『コーラン』にはっきりと名前が出てくる数少ない天使だ。

『コーラン』の第四三章である「装飾の章」では、地獄に堕とされた者たちが永遠の苦しみを味わいながら「おお、マリクさま、あなたの主に、われわれをさっさと死なせるように頼んでください」と言うが、彼らはマリクに「おまえたちは、いつまでもそこにおれ」と言われてしまう。

つまり、地獄では死んだとも言い切れない状態で苦痛が続くようだ。地獄に堕とされた者が助けを求めても、マリクは手を緩めない。

それというのも、地獄に堕とされた人間が何を考え、なにを話していたかは常に筒抜けなのだ。この「装飾の章」では、天使たちが彼らの側でその行動を記録していたことが語られている。この記録天使はイスラム教の伝承ではハファザと呼ばれ、つねにふたり一組で行動しているといわれる。

ほかにも、多くの天使が死者に関わる。まず、人が死んで埋葬されると死者の魂は天使ルマンに裁定される。さらに、ふたり組の天使ムンカルとナキールが死者を糾問する。このとき嘘をつけばハンマーで殴られることになる。

このようにイスラム教の天使は恐ろしげな役割を果たしているようだが、天使は自分の欲や怒りのために行動する存在ではない。彼らはただ神から与えられた職務をこなしているだけなのである。

Secret of Angels

ゾロアスター教の天使とは？

善神と悪神の二元論を説くゾロアスター教。
その天使は自然界の善性を象徴している。

キリスト教の天使の原型

ゾロアスター教は、紀元前七～六世紀に古代ペルシア（イラン）で成立した。その教義の特徴は、この世界では善なる神アフラ・マズダ（オルマズド）と悪なる神アーリマンの闘争が続いているという二元論だ。

そして、善なる神アフラ・マズダには、さまざまな善なる精霊、つまり天使が仕えている。これと対をなすように、悪なる神アーリマンにも、さまざまな悪なる精霊、つまり悪魔が仕えている。

アフラ・マズダの勢力のなかでも重要なポジションにいるのが、アムシャ・スプンタ（アマラフスパンド）、すなわち「聖なる不死者」と呼ばれる天使たちだ。六人のアムシャ・スプンタが自然界の六つの領域、六つの善性をそれぞれに象徴しており、彼らはゾロアスター教の六大天使と呼ぶことができる。

さらに、このアムシャ・スプンタの庇護下にある下級の天使としてヤザタ、すなわち「崇拝すべきもの」と呼ばれる者たちがいる。ヤザタは、火、水、空気といった自然界の元素や星々など、地上と天上のさまざまな場所に宿っており、ヤザタの長はミトラと呼ばれる光の精霊とされている。

また、下級天使の一種にはフラヴァン（ファロハル）と呼ばれる者たちがいる。ヤザタが自然界の精霊というべき存在であるのに対し、フラヴァンはより地上の人間に近い存在で、太古の善良な人間の霊魂だと考えられた。つまり、現世の人間のご先祖様が姿を変えた守護霊である。

アムシャ・スプンタやヤザタは、もともとは、古代ペルシア周辺の土着神や精霊などがゾロアスター教に取り入れられたものだった。また、フラヴァンは古代の祖霊崇拝が形を変えたものだ。

後世のキリスト教の天使も、同じように、古代の宗教の神々や精霊が形を変えた存在だった。ある意味では、ゾロアスター教の天使は、現在よく知られているキリスト教の天使のイメージの原型ともいえる。

Secret of Angels

ゾロアスター教の六大天使の役割とは？

善神の息子と娘と見なされた六人の天使。彼らにはそれぞれ対となる悪魔がいた。

善なる神の六つの徳性を象徴した天使たち

ゾロアスター教の六大天使アムシャ・スプンタは、善なる神アフラ・マズダの息子、娘と呼ばれている。

ゾロアスター教では善なる神の勢力と悪なる神の勢力の二元論をとるため、アムシャ・スプンタの六人とそれぞれ対になる形で、悪なる神アーリマンの側に属する悪魔が存在する。

第一のアムシャ・スプンタは、ヴォフ・マナフ（ヴァフマン）である。彼は「善き考え」「善き心」を象徴し、自然界では家畜を守護する。

ヴォフ・マナフはアフラ・マズダが最初に作った天使であり、預言者ザラスシュトラ（ゾロアスター）を最初にアフラ・マズダのもとへ導いた。ザラスシュトラの前に現われたヴォフ・マナフは裁ち目も縫い目もない服を身につけており、身の丈はゾロアスターの九倍もあり、白い杖を手にしていたという。

第二のアムシャ・スプンタは、アシャ（アルトヴィヒシ）だ。彼は神の摂理を体現する天使で、「正義」「真実」を象徴し、自然界では火を守護する。

第三のアムシャ・スプンタは、フシャスラ（シャリヴァー）だ。彼は権力、権威、法律などを体現する天使で、「理想的な統治」「選ばれた王国」を象徴し、自然界では金属や岩石（あるいは天空）を守護する。

ここまでは男性の天使で、以降は女性の天使となる。

第四のアムシャ・スプンタは、アールマティ（スパンダルマ）である。彼女は宗教的調和や信仰心を体現する天使で、「恵み深き心」「敬虔」を象徴し、自然界では大地を守護するため、地球と同一視される。

第五のアムシャ・スプンタは、ハルワダート（フーダット）だ。彼女は健やかさを体現する天使で、「健康」「完全」を象徴し、自然界では水を守護する。

第六のアムシャ・スプンタは、アムルタート（アマダット）だ。彼女は不死を体現する天使で、「生命」を象徴し、自然界では植物を守護する。

ハルワダートとアムルタートは、姉妹のようにふたりセットで語られることが多い。彼女らはのちに、イスラム教の伝承に登場するハールート、マールートというふたり組の堕天使の原型になっている。

なお、スラオシャ（サラオシャ）という天使が七番目のアムシャ・スプンタに挙げられることもある。彼はもっぱら下級天使のヤザタに分類されているが、ゾロアスター教では多くの儀式に関わる重要な天使だ。

スラオシャは従順、規律を象徴し、甲冑に身を固めた戦士の姿で描かれる。彼と対になる悪魔は、怒りを象徴するアエーシュマだ。

ユダヤ思想に引き継がれた天使の象徴性

紀元前六〜四世紀にはペルシア帝国が西アジア全域を支配し、その国教だったゾロアスター教は、のちのユダヤ・キリスト教にも影響を与えている。

カバラと呼ばれる古代ユダヤの神秘主義思想では、宇宙の構成要素を、智恵、力、美などを象徴する一〇人の天使に当てはめ、それを一本の幹から枝分かれした樹木のように示した。これを「セフィロトの樹（生命の樹）」という。

ゾロアスター教における六人のアムシャ・スプンタは、この「セフィロトの樹」の古代ペルシアにおける原型イメージだといわれている。

善なる勢力の中核として悪と闘うゾロアスター教の天使たち

Secret of Angels

仏教にも天使はいるのか？

天使＝神の遣いは西洋だけのものではない。仏教には仏に仕える存在として天部がいる。

仏教では「仏の遣い」＝「天部」

紀元前五世紀にインドのブッダ（ゴータマ・シッダールダ）によって創始された仏教は、生の苦しみを逃れるための「悟り」を得ることを目的とし、唯一神を中心とした世界観を持つキリスト教やイスラム教とは大きく異なる。

しかし、日本をはじめとする東アジア地域に広まった大乗仏教の世界観では、ブッダ自身のほかにも多くの尊格（尊崇の対象となる存在）が加えられ、他宗教でいうところの天使にあたる存在もいる。それが天部と呼ばれる諸尊だ。

まず、仏教には、大まかに如来、菩薩、明王、天部の四種類の諸尊がある。如来とは釈迦（仏陀）自身をはじめ悟りを得た者、菩薩とは悟りを目指している者、明王とは如来が仏敵と戦うなどの目的で化身した姿だ。

これらの仏に仕える存在が天部で、つまり仏自身ではなく、仏の使徒である。彼らは大乗仏教の世界観では、もっとも人間に近い位置にある。

天部はさらにその役割によって、十二天、四天王、八部衆などのグループに分かれ、主要な天部をまとめて二十八部衆と呼ぶ場合もある。

ほとんどの天部は、インド神話の神々が形を変えて仏教に取り入れられたものだ。たとえば、福徳の天女である吉祥天の前身はインド神話の女神ラクシュミー、武人に崇拝された摩利支天の前身はインドの暁の女神ウシャス、俊足で有名な韋駄天の前身はインドの武神スカンダ……といった具合だ。

この点でも、仏教の天部は他宗教での天使と在り方が似ている。もともと、キリスト教やイスラム教の天使も、それ以前の西アジアのさまざまな土着の宗教の神々や精霊が形を変えて取り入れられたものが多いからだ。

現在の仏教での天部たちは、古代インドではデーヴァと総称された。これは神性を持つ自然界の精霊一般を指し、サンスクリット語（梵語）で「輝けるもの」を意味する。古代インドの宗教を研究したヨーロッパ人には、これを原始の神の使徒、つまり天使と同様の存在と見なす者もいる。

Secret of Angels

仏教十二天の役割とは？

自然界の各方位と各元素を司る天部。
なかには日本の庶民におなじみの面々も多い。

古代インドに由来を持つ各方位の守護者たち

仏教の天部のなかでも、十二天と呼ばれるグループは、仏法を守護する護方天で、それぞれ、東、東南、南、西南、西、西北、北、東北、天、地、太陽、月、という十二の方位に当てはめられている。その顔ぶれは以下の通りだ。

東　帝釈天（インド神話での雷神インドラ）。
東南　火天（インド神話の火の神アグニ）。
南　夜摩天（インド神話の死者の王ヤマ）。

西南　羅刹天（インド神話の鬼ラクシャーサ）。
西　水天（インド神話での夜と水辺の神ヴァルナ）。
西北　風天（インド神話での風の神ヴァーユ）。
北　毘沙門天（インド神話の鰐の神クベーラ）。
東北　伊舎那天（インド神話での破壊神シヴァ）。
天　梵天（インド神話での創造神ブラフマー）。
地　地天（インド神話での大地の女神プリティヴィー）。
太陽　日天（インド神話での太陽神スーリヤ）。
月　月天（インド神話での女神チャンドラ）。

時代を経て整理された十二天のメンバー

以上の十二天の配置は、最初から決まっていたのではなく、紀元前三世紀ごろに大乗仏教が成立してから長い年月を経て、唐代の末ごろ（八〜九世紀）に確立された。当初は天、地、日、月を除く八方位で八方天だったものが、天地を加えて十方天、さらに日、月を加えて十二天になったといわれる。

このため、現在でこそ十二天とひとくくりにされているが、その扱いは必ずしも均等ではなく、古くから単独で広く信仰されている天部と、それほど有名

ではない天部が入り混じっている。

十二天という形に整理される以前から広く信仰されていたのが梵天と帝釈天だ。古代にはこの両者の像が一対の形で祀られることが多かった。

梵天ことブラフマーは、インド神話では、シヴァ、ヴィシュヌと並ぶ三大最高神のひとりである。それだけに天部のなかでも一番地位が高い。彼は仏陀がひとりで悟りを開いたとき、その教えを広めるように促したといわれる。

帝釈天ことインドラは、インド神話では、邪悪な竜ヴリトラを退治した武勇伝が有名だ。日本では、映画『男はつらいよ』シリーズのフーテンの寅さんが産湯を使った柴又の題経寺が、帝釈天信仰の名所で知られている。

毘沙門天も単独で信仰されることが多い。彼は十二天のみならず仏教の天部きっての強力な武人だが、同時に福徳の守護者ともされている。日本では、戦国武将の上杉謙信が毘沙門天を深く信仰していたことで有名だ。

なお、夜摩天は焔魔天とも呼ばれ、道教での死者の世界の王、つまり閻魔大王とも同一視される。また、伊舎那天は大自在天とも呼ばれ、日本では仏教と神道の要素が入り混じった七福神の大黒天とも同一視される。

こうした十二天への信仰は、インド神話での属性を土台にしつつ、大乗仏教が東方に伝来する過程で、中華文化圏や日本の民間伝承の要素が入り混じってできあがった。つまり、十二天とは、いわば古代東洋文化の混成物なのだ。

古来より、多くの武人の信仰を集めてきた毘沙門天

Secret of Angels

仏教四天王の役割とは？

仏教の世界観で天に接するとされる須弥山。その東西南北には聖地を守る四天王がいる。

インド神話由来の四人の武将

なにかに優れた人物四人を「○○四天王」と呼ぶことがあるが、仏教の天部における四天王とは、帝釈天の直属の部下で、世界の中心にそびえるという須《しゅ》弥《み》山の四方、東西南北をそれぞれに守護している。

その顔ぶれは、持国天、増長天、広目天、多聞天の四者だ。

いずれも、もとはインド神話での神や武将だが、仏教がインドから中華文化圏に伝わる過程で四者セットとするのが定着したと推定されている。このため、仏像などでは唐代（七～九世紀）の武将の姿で表わされるのが一般的だ。

東を守護するのが持国天である。図画や像では剣などを手に持つ。その前身はインド神話のドリタラーシュトラで、名前は「国を支える者」を意味する。配下の眷属として、八部衆の楽士である乾闥婆《けんだつば》を従えている。

南を守護するのが増長天だ。図画や像では矛などを手に持つ。その前身はインド神話のヴィルーダカで、名前は「生長せる者」を意味する。配下の眷属として鳩槃荼《くばんだ》（大きな腹と睾丸を持つ半獣半人の鬼神）を従えている。

西を守護するのが広目天である。彼だけは武器ではなく筆と巻物を持つ。その前身はインド神話のヴィルーパークシャで、名前は「通常ではない眼を持つ者」を意味する。配下の眷属として蛇竜（ナーガ）たちを従えている。

北を守護するのが多聞天だ。多くの場合、一方の手には武器となる戟か棒、もう一方の手には宝塔を持っている。その前身はインド神話のヴァイシュラヴァナで、名前は「（仏の説法を）多く聞いた者」、または「広く名の聞こえた者」を意味する。配下の眷属として、八部衆の薬叉《やくしゃ》を従えている。

以上の四天王は通常、四者セットで祀られるが、例外的に単独でも崇められているのが多聞天だ。多聞天は、十二天でも同じく北方を守護している毘沙門天と同一視されているためである。多聞天こと毘沙門天は、さらに一部では、鰐《わに》の神様である金比羅とも同一視されている。

Secret of Angels

仏教八部衆の役割とは？

古代インド神話の鬼神を取り込んだ八部衆。かつての敵も、ともに仏の使徒となった。

人ならざる仏法の守護者たち

仏教の天部のなかで、八部衆は、もとは悪鬼や怪物の類とされてきた者が多いが、のちに仏教に帰依して仏の守護者になった者たちとされている。その顔ぶれは、天、龍、薬叉、乾闥婆、阿修羅《あしゅら》、迦楼羅《かるら》、緊那羅《きんなら》、摩睺羅迦《まごらが》からなる。

第一に天。その前身はインド神話のデーヴァで、天部の総称ともいえ、仏法に帰依した人ならざる者（鬼神や精霊など）全般をさしている。

第二に龍。その前身はインド神話の蛇竜のナーガで、仏教では『法華経』で仏陀の説法を聞いたという龍の王が複数登場している。

第三に薬叉（夜叉）。その前身はインド神話のヤクシャで、もとは悪鬼だったが、子宝を授けたり病気を癒すため薬叉と呼ばれるようになった。

第四に乾闥婆。その前身はインド神話のガンダルヴァで、酒も肉も口にせず香を食うため尋香行《じんこうぎょう》とも呼ばれ、帝釈天に仕える楽神として知られる。

第五に阿修羅。三面六臂の姿をしており、八部衆でもっともよく知られている。その前身はインド神話のアスラで、戦闘的な邪神だったが、帝釈天ことインドラと戦って敗れたのち、仏法に帰依したとされる。

第六に迦楼羅。その前身はインド神話のガルーダで、金翅鳥《こんじちょう》とも呼ばれる。もともと蛇龍とは敵対していたが、仏法に帰依して以降は仲間同士だ。人間の体に鳥の頭を持ち、日本の天狗の原型になったともいわれている。

第七に緊那羅。その前身はインド神話のキンナラで、一説によれば人間の頭に馬の体を持つという。とても美しい声の持ち主とされている。

第八に摩睺羅迦。その前身はインド神話のマホーラガで、オロチやウワバミつまり大蛇だった。仏教では、乾闥婆、緊那羅とともに楽士を務める。

以上の八部衆は、天と龍が筆頭に挙がるため天龍八部衆とも呼ばれている。八部衆全員が揃った図画や像は古代のインドでも中華文化圏でも意外に少ないが、日本では、奈良県の興福寺に所蔵された八部衆の像が有名だ。

Secret of Angels Another story

フィクションのなかの天使と悪魔

音楽編

古典からヘヴィメタまで悪魔の音楽祭

天使や悪魔を題材にした「音楽」というと、どういうわけか、悪魔の独壇場だ。もちろん、天使を扱った賛美歌や聖歌といった宗教音楽は存在するが、いわゆる純粋な創作物としては、あまり目ぼしいものがない。

悪魔のほうはといえば、クラシック音楽に限って見ても名作揃い。例えば、魔女たちのサバトをテーマにしたムソルグスキー作曲の管弦楽曲『禿山の一夜』や、悪魔ザラストロが登場するモーツァルト作曲のオペラ『魔笛』などは、誰でも一度は聴いたことがあるだろう。また、タルティーニが作曲したヴァイオリン・ソナタ・ト短調は、作者が悪魔からこの曲を伝授されたという伝説があり、別名『悪魔のトリル』と呼ばれている。

さらに、ロック界に目を移すと、悪魔はつねに大人気のモチーフとなっている。

日本ではまず悪魔とロックといえば、聖飢魔Ⅱが断トツに有名だ。メンバー全員が悪魔の姿に扮装し（当人たちは素顔と主張）、楽曲の多くも悪魔的なものが主題となっている。もっとも、このバンド・コンセプト自体は、七〇年代米英のバンドからの影響が大きい。

外見イメージだけで言えば、一番強く影響を与えたのは七三年にアメリカでデビューしたKISSだろう。メンバー全員が奇怪な白塗りで、火を噴くといったパフォーマンスは、聖飢魔Ⅱ以外にも日本の多くのバンドに影響を与えた。また、彼らのアルバム・タイトルは、『地獄からの使者』、『地獄のさけび』など、悪魔的なイメージのオンパレードである。

だが、KISSの音楽性自体は、わりとストレートなポップ・ロックで、メンバー自身も悪魔主義者であったわけではない。そういう意味で、より本質的に悪魔的なバンドだったのが、七〇年にイギリスでデビューしたブラック・サバスだ。そもそも、「人を怖がらせる音楽を作る」というコンセプトで結成されたこのバンド、積極的に黒魔術や悪魔主義を取り入れたことで大成功を収め、のちのヘヴィ・メタルに絶大な影響を与えている。

このブラック・サバスのボーカルだったオジー・オズボーンは、バンド脱退後ソロ活動を開始すると、サバス以上に悪魔的イメージを前面に打ち出した。ステージ上で生きたコウモリの首を喰いちぎるなどの奇行で、ファンの度肝を抜いたのだ。また、彼が立ち小便をしたら、壁に666の数字が浮かび上がったという都市伝説も残されている。

そんな、ブラック・サバスやオジー・オズボーンの影響をまともに受けて誕生したのが、ブラック・メタル（サタニック・メタル）というジャンルだ。盛んになったのが北欧であったため日本では無名なバンドが多いが、その多くは真剣に悪魔主義を音楽で表現しようとしていた。が、あまりに本気になりすぎて、殺人や放火、自殺などの事件を起こし、欧米では禁止の動きが出たこともある。

ともあれ、「音楽」とは直接、人の情動に訴える芸術である。そういう意味では、天使よりも、悪魔との相性がいいのかもしれない。

Secret of Demons

悪魔篇

歴史に潜む、悪魔たちの黒い影

人間を誘惑し、悪徳に引きずり込む悪魔たち。果たして彼らは、
天界から追放された天使のもうひとつの姿なのか？
それとも異教の神々なのか？

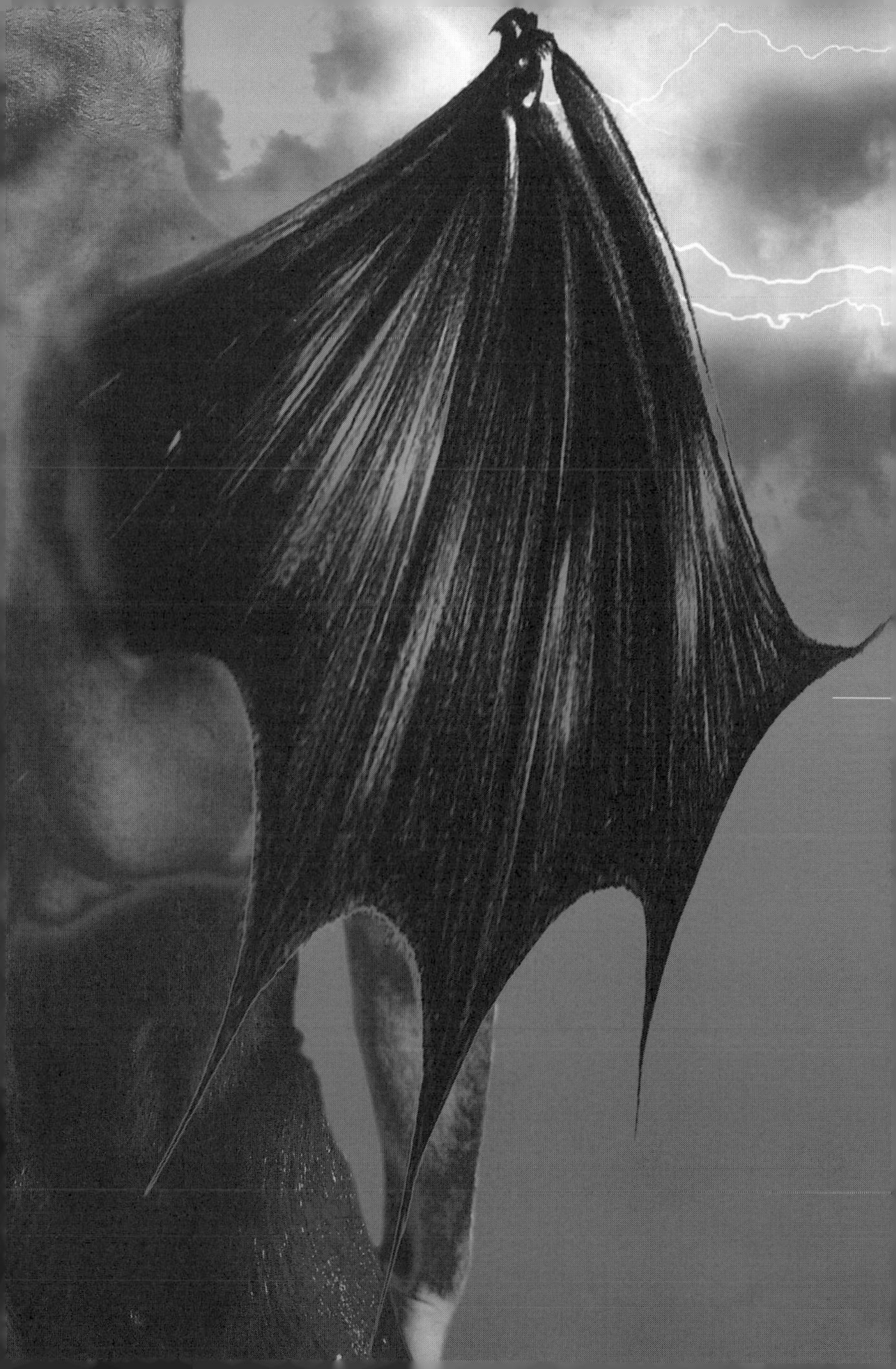

Secret of Demons

悪魔とはなにか？

天から追放された天使あり、異教の神あり
絶対神に創られた世界で跋扈する悪魔たち

それぞれの「思想」でもって、神と敵対する悪魔たち

多くの宗教では、人間を破滅や堕落に導く邪悪な存在として、悪魔というものがいると定義している。もちろん仏教やイスラム教にも悪魔はいるが、とくにユダヤ教やキリスト教において悪魔は非常に重視され、無数の個性的な悪魔たちの実在が信じられてきた。そんなユダヤ、キリスト教の悪魔たちの出自を辿ってみると、大きくふたつの流れがある。

ひとつは、堕天使たちだ。これは、もともとは天界で神に仕える天使だった

者が、さまざまな理由により天界を追放され、神の敵対者＝悪魔となったケースである。有名な堕天使としては、すべての悪魔たちの指導者といわれるルシファーや、ソドムとゴモラの街に悪徳を蔓延させたベリアルなどがいる。

もうひとつの流れは、異教の神だった存在が、ユダヤ教やキリスト教が勢力を伸ばしていったことで、悪の象徴と見なされるようになっていったケースだ。「蝿の王」の名で知られるベルゼブブは、もとはカナン地方で信仰されていた神であったといわれているし、海の悪魔であるダゴンは、ペリシテ人たちの神であったという。

ところで、神話や伝説に登場するドラゴンや巨人といった怪物たちと、悪魔はどこが違うのだろうか？

最大の違いは、悪魔たちは彼らなりの信条や正義をもって、神と敵対し、人間を誘惑しているということだろう。ドラゴンや巨人たちには「思想」はないが、悪魔たちにはある。それを邪悪なものと見なすのは、神の側からの見解であって、正邪は本来、相対的なものにすぎない。それゆえ、古代から現代に至るまで、悪魔を信仰する悪魔主義者たちもいなくはならないのである。

最後に余談だが、多くの宗教において、神は完璧な存在であり、その神によって世界は創られたとしている。それなのに何故、悪魔などというものが世界に存在するのかは、多くの宗教家を悩ませる最大の謎となっている。

Secret of Demons

もっとも偉い悪魔は誰か？

地獄の支配者と信じられている謎めいた悪魔王サタンの正体とは!?

謎につつまれたままの地獄の支配者

すべての悪魔たちの上に君臨し、地獄を支配している一番偉い悪魔は誰か？　これは、なかなか難しい問題だ。これが、「一番偉い天使は誰か？」という問いならば、答えは「大天使ミカエル」と簡単である。だが、こと悪魔に関してとなると、明確な答えを出すことは容易ではない。

堕天使ルシファーこそが悪魔たちの支配者であるという説もあれば、「蝿の王」ことベルゼブブこそがその地位にあるという説もあるなど、諸説が混在し

ているのである。そして、それらの悪魔と並び、最も偉い悪魔として名が挙がるのが悪魔王サタンだ。

ところが、サタンとはいかなる悪魔かということになると、さまざまな説が存在している。サタンという固有の悪魔がいるという説もあれば、ルシファーの別名であるという説もある。また、グノーシス主義の神話における世界を創造した天使サマエルこそがサタンの正体だという説もあれば、イエス・キリストの兄ともいわれるサタナエルこそがサタンの正体だという説もある。さらには、サタンという悪魔はおらず、悪魔たちの統率者を表わす階級名にすぎないという説すらあるのだ。

これほどまでに、地獄の支配者の正体については、混迷しているのである。

神の協力者から悪魔たちの王へ

そもそも、サタンとは古代ユダヤ民族の信仰のなかに登場する存在で、ヘブライ語で「敵」、「反対する者」、「障害物」などを意味するShatanaを語源としている。だが、当初、サタンは邪悪な存在というわけではなかった。

『旧約聖書』にはじめてサタンの名が出てくるのは、「民数記」の二二章だが、そこではサタンは、とある旅人の存在を快く思わなかった神が、旅人を妨害す

るために送りこんだ神の僕として登場している。

また同じく『旧約聖書』の「ヨブ記」でも、サタンはある意味、神の協力者として登場する。あるとき神は、ヨブという敬虔な人物の信仰心が本物かどうか試そうと、さまざまな試練をヨブに与えるようサタンに命じた。そこでサタンは、ヨブの家畜をすべて殺し、財産を奪い、さらには当人を酷い皮膚病にしてしまう。しかし、この理不尽な仕打ちを受けても、ヨブの信仰心はいっさい揺るがず、最後にはすべて取り戻すというのが、「ヨブ記」の物語である。

つまり、初期のユダヤ教においては、サタンは神と敵対する者ではなく、彼の名に込められた「障害物」という意味は、人間に試練を課す者というほどの意味でしかなかったのだ。

だが、時代を経て、キリスト教が誕生すると、サタンは完全に神と敵対する悪魔と見なされるようになる。『新約聖書』の「マタイによる福音書」ではベルゼブブと同一視され、「ヨハネによる福音書」では、「偽り者の父であり、人殺し」とまで書かれるようになっているのだ。そして、さらに中世以降、キリスト教神学が発展するにつれ、サタン＝悪との評判はますます広がり、やがて悪魔たちの王と目されるようになっていく。

こうして、サタンこそが地獄の支配者であるという説が、一般的に信じられるようになったのである。

謎に包まれた地獄の主サタンの正体とは?

Secret of Demons

ルシファーはなぜ神に叛逆したのか？

高慢の罪により、神に叛逆し天界から追放された最高位の天使。

一二枚の翼を持つ、美しき天使長

ときに地獄の王サタンと同一視され、ときにサタンより上位の悪魔と見なされることもあるルシファー。このルシファーという呼び方はラテン語で、「光を運ぶ者」という意味を持っている。また、彼はヘブライ語では、「暁の輝ける子」という意味を持つヘレル・ベン・サハルと呼ばれていた。

そんな輝かしい名前を持つ、ルシファーは、はじめから地獄に住む悪魔だったわけではない。彼は、もともと天界で暮らす天使だったのだ。それが神に叛

逆した罪で天から堕とされ、堕天使となり悪魔たちの支配者となったのである。
天使だったころのルシファーは、あらゆる天使たちの頂点に立つ、天使長であった。天使の階級に関しては諸説あるが、一般的には熾天使と呼ばれる天使たちが、もっとも神に近い最上位の天使であるとされている。だが、ルシファーは、その熾天使よりも上位の天使として神に創られ、いわば神に匹敵する能力を持ち、神の代理人のような存在だったのだ。一説には、ルシファーと大天使ミカエルは兄弟であったという伝説も残されているが、ミカエルでさえルシファーの補佐役にすぎなかったと言い伝えられている。
このように特別な天使だったルシファーは、美しく輝く一二枚の翼を持っており、その高貴な外見によっても、他の天使とは一目で区別がついたという。
しかし、特別扱いされ、神の信頼を一身に受けすぎたことから、ルシファーはだんだんと増長するようになっていった。そして、いつしか、自分は神と同等、いや神よりも偉いのだと考えるようになり、ついに造物主である神ヤハウェに叛乱を起こすのである。

地獄の最下層で逆襲の時を待つ魔王

天使たちに絶大な影響力を持っていたルシファーは、神への叛乱に多くの天

使たちを誘い込み、一大軍団を作り上げた。この叛乱天使軍団を迎え撃ったのが、神からの命を受け鎮圧部隊を編成したミカエルだ。

天界を二分する戦いは、最終的にはミカエルの勝利に終わる。その結果、ルシファーと彼に付き従った天使たちはみな、天界から追放されて堕天使となり、暗い地獄で暮らすようになったという。彼らは、高慢の罪の報いを受けたのだ。それゆえ、以後、ルシファーという名は、「傲慢」と同義語となった。

もっとも、ルシファーが天界から追放された理由としては、別の伝承も残されている。それによれば、無知の状態にあった人間たちに「智恵」を授けてしまったことが神の逆鱗に触れ、追放されてしまったのだという。それを裏づけるような話として、楽園で暮らしていたアダムとイヴを誘惑し、「智恵の木の実」を食べさせた悪魔の正体がルシファーだという説も伝えられている。

どちらにせよ、最高位の天使でありながら、天界から追放されたルシファーは、堕天使たちを率いたまま地獄の支配者となった。そして、いつの日か再び神の座を奪う機会を虎視眈々と狙っているのだ。

十三世紀の詩人ダンテの長編叙事詩『神曲』では、地獄の最下層で氷漬けになりながら復活の時を待ち続けるルシファーの姿が描かれている。

堕天使の軍団を率い、神に立ち向かうルシファー

Secret of Demons

もとは神であったのに零落して悪魔になった者とは？

ユダヤ教・キリスト教に敗れたことで悪魔と見なされるようになった異端の神々。

唯一絶対神に破れ、零落していった神々

かつては人々に神として崇められながらも、ユダヤ教やキリスト教が勢力を広げていく過程で、悪魔と見なされるようになっていった者たちがいる。

ユダヤ教、およびユダヤ教から派生したキリスト教は、ヤハウェというただひとつの神だけを認める唯一絶対神の宗教だ。それゆえ、彼らは異教の神をけっして認めず、それらをすべて邪悪な存在と見なした。

例えば、地獄の君主のひとりであり、数ある悪魔たちのなかでもサタンの次

に高位にいるとも、ルシファーに次ぐ者ともされる高名な悪魔・ベルゼブブも、もとは地中海沿岸のカナン地方やフェニキア地方一帯で信仰されていた神だった。悪魔としてのベルゼブブは、巨大な蠅の姿をしており、「蠅の王」の異名で知られている。だが、本来、ベルゼブブは、ヘブライ語で「高所の神」、「天国の王」を意味するベルゼブルという名で呼ばれていた。それが、ユダヤ民族がカナンやフェニキアを支配するようになるにつれ、「糞山の王」という意味のベルゼブブという語に転化し、排泄物にたかる蠅たちの王と見なされるようになっていったのである。

また、上半身が人間、下半身が魚の姿をした（魚の頭に人間の体という説もある）ダゴンという悪魔がいるが、これは元々、カナン地方南部に住んでいたペリシテ人たちの信仰する漁業と農業の神だった。しかし、ユダヤ民族の英雄サムソンに神殿を破壊されたことで、神としての力を失い悪魔となってしまったのだ。一説には、神殿崩壊後、ダゴンはヤハウェによって地下世界に幽閉されてしまったという。

メソポタミア神話、ギリシア神話の神々も悪魔となる

ベルゼブブやダゴンのほかにも、もとは異教の神だった悪魔は多い。

アスタロトは、現在では、地獄の大公爵とも、「西方を支配する者」とも呼ばれ、有力な悪魔のひとりと見なされている。この悪魔は、ドラゴンにまたがり、毒蛇を握りしめた姿で地上に現われ、契約を結んだ人間に過去と未来の知識を与えてくれるが、彼の吐く息を吸った人間は絶命するという恐ろしい存在だ。

しかし、アスタロトのルーツを遡ると、セム族に信仰されていた豊穣の女神アシュタルテに行き着くという。そして、この女神は、のちにメソポタミア神話では、豊穣の女神であり、愛欲の女神でもあるイシュタルとなり、ギリシア神話では美の女神アフロディーテとなった。ところが、このような美しい女神も、ユダヤ教やキリスト教が浸透していくにつれ、醜悪な悪魔とされるようになっていったのだ。

あるいは、『新約聖書』の「黙示録」で、最後の審判の日に天の第五の御遣いが吹くラッパの音とともに出現すると記された、アバドンという悪魔がいる。この悪魔は、巨大なイナゴの姿をしているとも、馬に似た姿で、翼をはやし、サソリの尾を持っているともいわれる、恐ろしい外見をした怪物だ。だが、アバドンの別名はアポルオンともいい、これはギリシア神話の太陽神アポロンから来ているという説もある。

美しく聡明な太陽神も、ユダヤ・キリスト教にとっては、たんなる異教の神であり、邪悪な存在のひとつにすぎなかったのかもしれない。

地下世界に封印されながら、復活の機会を狙うダゴン

Secret of Demons

東西南北を支配する悪魔の王たち

「悪魔学」が体系づけられていくなかで各方位を支配する悪魔という思想が誕生。

四方の悪魔とはなにか?

中世に入り、キリスト教神学が発展していくにつれ、そのダークサイドともいうべき悪魔学も体系づけられていくようになる。そのような流れのなかで、東西南北の各方角を支配する悪魔がいるという考えかたが登場。これを「四方の悪魔」という。

十二～十三世紀、スコットランドで活躍した占星術師であり、数学者でもあったマイケル・スコットは、東の王がアマイモン、西の王がガープ、南の王

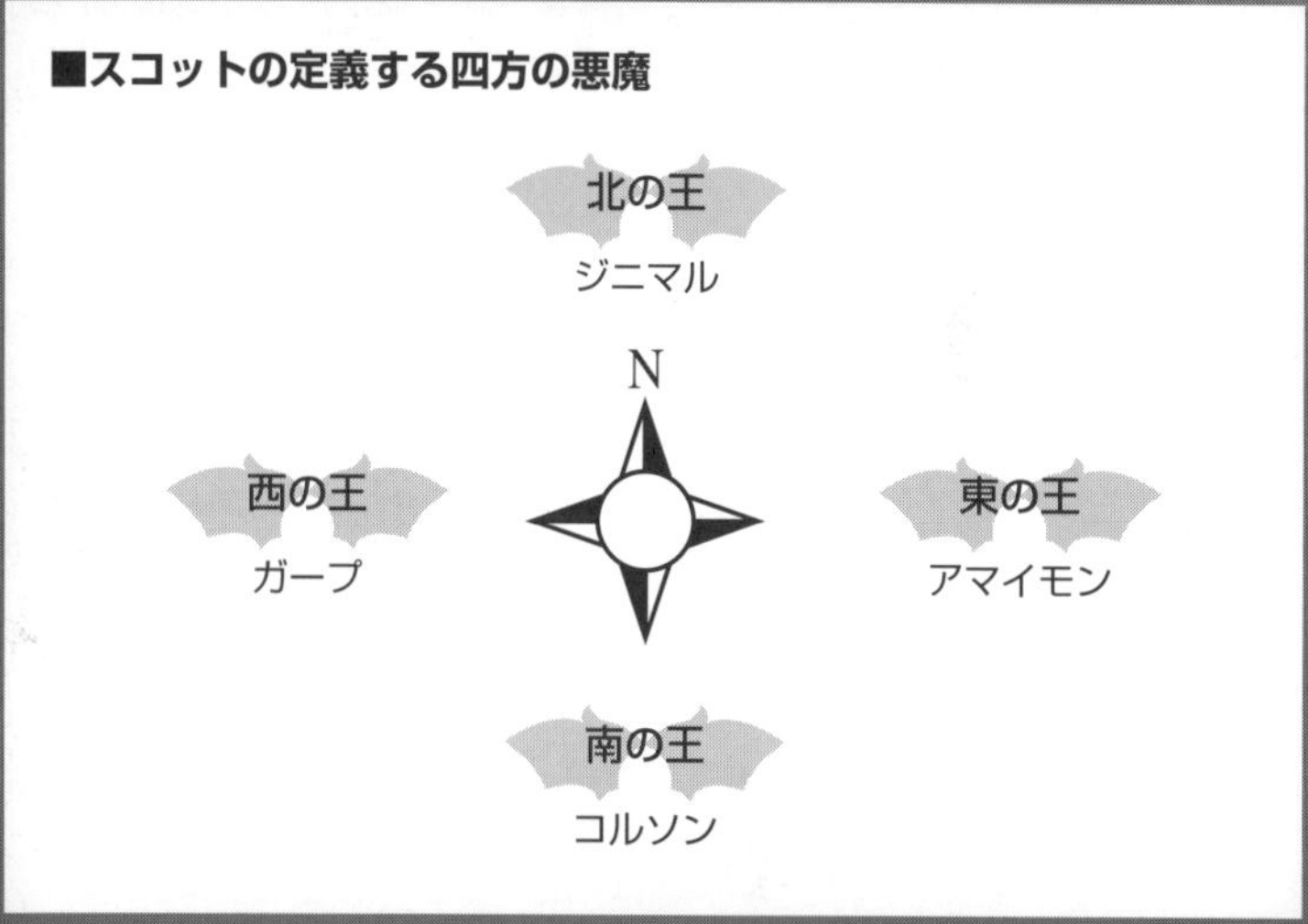

がコルソン、北の王がジニマルという悪魔であるとしている。なぜスコットが、これらの悪魔を四方の支配者として定義したかは不明であり、またなかには名前だけで詳細のわからない悪魔も含まれているが、いくつかの悪魔は有名だ。

例えば、アマイモンは、マモンという名前でも知られており、金銭を愛する悪魔で、人間に地底の貴金属や宝石を掘ることを教えた存在だとされている。また、ガープは堕天した能天使で、憎しみや愛を自在に操るとされている。

もっとも、スコットの定義とはまた別の悪魔を「四方の悪魔」とする考え方もあり、どれが正しいとは一概には言えない。

Secret of Demons

アダムの最初の妻はイヴではない？

天使たちから残酷な仕打ちを受け復讐の悪魔となったリリス。

尊大さから、最初の妻に逃げられたアダム

ユダヤ教、キリスト教、イスラム教では、最初の人間はアダムという男性だったとしている。

神が天地を創ったとき、同時に自身の姿に似せて、土から最初の人間アダムを創った。その後、神はアダムがひとりでは寂しいだろうと考え、アダムの肋骨を一本取り出し、それを材料にイヴという女性を創った。それからふたりは夫婦になり、すべての人間の先祖となったというのが、一般的に信じられてい

る神話だ。

しかし、アダムの最初の妻は、イヴではなかったという伝承も残されている。その伝承によれば、アダムの最初の妻はリリスという女性だったとしている。ふたりははじめ、仲むつまじく暮らしていたが、あるときリリスがアダムに対等な関係を要求したところ、アダムがそれを拒否（一説には、リリスが性交時に女性上位を望んだにもかかわらず、アダムが断ったともいわれている）。すると怒ったリリスは、アダムのもとを去ってしまった。

妻に逃げられたことを後悔したアダムは、神に妻を取り戻してくれるよう懇願。その願いを聞き入れた神は、サンヴィ、サンサンヴィ、セマンゲラフという三体の天使を地上に遣わし（この三体の天使は、スンウィ、スンスウィ、スムングルフという名だったという説もある）、リリスを探し出そうとした。

やがて天使たちは、紅海でリリスを発見するが、そのときにはリリスはすでに悪魔と結婚していた。天使たちはリリスに向かって、アダムのもとに戻らなければ、彼女が悪魔とのあいだに生んだ子どもを毎日一〇〇人ずつ殺すと言って脅した。だが、リリスは頑としてアダムのもとに戻ることを拒んだ。そこで仕方なく天使たちはアダムとリリスの復縁をあきらめたのだが、宣言通り、リリスの子どもたちを毎日殺し続けることにしたという。

この天使たちの仕打ちに怒り悲しんだリリスは、それ以来、復讐として、人

間の幼児を襲うようになり、悪魔として恐れられるようになったのである。

堕天使の妻となり幸福を得たリリス

リリスが悪魔とのあいだに生んだ子どもたちは、リリンと呼ばれる魔物たちであったとされている。だが、別の説ではリリンは、アダムとリリスのあいだに生まれた子どもであるともいう。

後者の説が正しいならば、リリスは天使たちから受けたむごい仕打ちへの怒りから女悪魔になったのではなく、最初から精霊や悪魔のような存在だったのだろう。このため、リリスの外見については、翼を生やした姿で表わされることが多い。また、そもそもリリスの原型となったのは、メソポタミア神話で信じられていた、夜行性の吸血鬼のような怪物であったという説もある。

ところで、リリスがアダムと別れたあとに結婚した悪魔は、堕天使であり、サタンと同一視されることもあるサマエルだといわれている。そして、この悪魔の夫婦は仲たがいすることなく、力を合わせて人間たちを破滅させることに邁進した。

そういう意味では、リリスもアダムと結婚していたときより、幸福になったといえるかもしれない。

幼児を狙い、荒野をさまよう女吸血鬼リリス

Secret of Demons

悪魔に魅入られた背徳の街ソドムとゴモラ

悪に魅入られ背徳の限りをつくした退廃都市に、神の裁きによる猛火の雨が降りそそぐ。

地獄の支配者によって魔都と化したふたつの街

現在のイスラエルとヨルダンにまたがり、高濃度の塩湖として有名な死海南部に、かつてソドムとゴモラという都市が栄えていた。

『旧約聖書』の「創世記」に登場するこのふたつの街は、ある日、天から降ってきた硫黄と火の雨により、わずか一日で滅んでしまった。

この大災厄は神によってひき起こされたものであるが、住民もろとも街を滅ぼすにも理由があった。ソドムとゴモラでは不道徳がはびこり、住人は誰も神

に祈りを捧げようとはしなくなっていたのだ。とくに性に対する乱れはひどく、神の忌み嫌う強姦や獣姦が横行し、同性愛も日常的に行なわれていた。そのため、神はこの街を世界から消し去ることに決めたのである。

ソドムとゴモラの住民は、ノアの方舟によって大洪水を生きのびた人々の末裔ともいえるが、そんな彼らを堕落させたといわれるのが、「無価値なもの」という意味を持つ堕天使ベリアルだ。

聖書をはじめ『死海文書』など数々の書物に登場するベリアルは、ルシファーに次いで作られた天使であったが、「妬み、破壊、艱難、捕囚、欠乏、混乱、荒廃」という七つの悪徳をもって多くの天使を堕落させた。ベリアルは淫靡で、悪徳のために悪徳を愛するものである。堕天使を中心とした八〇の軍団を率い、地獄の支配者ともいわれる代表的な悪魔なのだ。

あらゆるものを欺き、惑わせるベリアルは、炎の戦車に乗った美しい天使の姿で地上に現われる。そして、優雅な物腰と威厳のある態度、耳に心地よい声で語りかけて、背徳の素晴らしさを説くのだ。

この悪魔の甘いささやきに乗せられ、ソドムとゴモラの人々は信仰を忘れ、淫蕩に耽り、神と偽る悪魔を祀るようになったのである。現代でも、犯罪の横行する街を、ソドムとゴモラになぞらえることがある。

魔都と化したソドムとゴモラは、こうして神の炎に焼かれることとなった。

一夜にして滅ぼされた街は、廃墟と化して死海に沈んだと伝えられている。

滅びゆく街から逃げのびた義の人ロト

じつは、神は街の人々を救済する手段も残していた。大洪水後の預言者アブラハムは、一部の背徳者のために、善良な人々が巻き添えになることを嘆いて神と交渉した。そして、押し問答のすえに「正しいものが一〇人いたら赦そう」との確約を取りつけていたのだ。

しかし、ソドムとゴモラの人々は預言を信じずに淫欲に溺れる生活を続けていた。結局、アブラハムの交渉も無駄に終わってしまったことになる。

唯一助かったのがアブラハムの甥であったロトとその家族だ。彼は、神の遣いがソドムを訪れたときに手厚くもてなし、ソドムの人々の暴虐から守ろうとさえした。善人のロトに対し、遣いは自分たちこそ神の命令によりこの地を滅ぼすためにきた天使であることを告げ、脱出するよう助言した。

そこでロトは、夜が明ける前に妻と娘を連れて街を抜け出し、隣のツォアルという街に逃れた。このとき、天使からは「街を出たらけっして振り返ってはならない」といわれていた。ところが、ロトの妻は街の最後をひと目見ようと振り返ってしまい、その場で「塩の柱」にされてしまった。

ソドムとゴモラの町を腐敗させた、堕天使ベリアル

Secret of Demons

最後の審判のとき、地上を破壊する悪魔とは？

世界の終末になにが起きるのかを描き、謎を呼びさまざまに解釈された預言書。

来たるべき「ハルマゲドン」を克明に伝える聖ヨハネ

『新約聖書』のなかで、もっとも異彩をはなち、かつ魅力的な書が紀元一世紀に聖ヨハネが記したとされる「ヨハネの黙示録」だ。

黙示とは「秘密を明らかにする」との意味がある。旧約聖書の外典「エノク書」や、「ダニエル書」など黙示文書と呼ばれるものは多い。

正典に含まれた「ヨハネの黙示録」では、キリストの弟子である聖ヨハネが、神の啓示を受けて目撃したという、世界が終わる時の様子が克明に描き出され

ている。ただ、作者のヨハネについては聖ヨハネとは別人との説があり、内容も人智を越えた超自然的なものだ。そのため、預言書として扱われることもあれば、文学としてとらえられることもあるなど解釈はさまざまだ。

世界が終末を迎えるとき、善と悪とが戦うハルマゲドンが行なわれ、キリストの再臨によって千年王国が出現する。やがて終末を迎え、すべての魂が楽園に行くか地獄に落とされるかが決まる「最後の審判」が待っている。救われた魂は、天使によって新しいエルサレムへと導かれ、神の鎮座する楽園で永遠の幸福を享受するというものだ。

終末のときに現れる「黙示録の獣」

いっぽうで、キリスト教における悪魔と地獄の存在を、はじめて描き出してみせたのも「ヨハネの黙示録」である。

天使ミカエルと堕天使ルシファーとの戦い。そして地獄の創設。人類を堕落させようとする反キリストの出現、さらにはひき起こされる数々の災厄により何百万といった人々が命を落とす様は、天使と天国の存在以上に衝撃的だ。

この終末の時に、海から現れるのが「黙示録の獣」と呼ばれる邪悪な怪物である。この怪物は、七つの頭に一〇の角を持ち、それぞれの頭に王冠をかぶ

り、頭上には神を冒涜する言葉が刻まれている。姿はドラゴンのようでもあり、体はヒョウ、足は熊、口は獅子のようであったともいわれる。

この名前のない獣は、６６６という数字を持っており、反キリストの象徴とも、次に訪れる偽救世主の前触れともいわれる。

最終的には、黙示録の獣は捕らえられ、偽救世主もその正体を見破られることになるが、悪魔による地上の崩壊はまだ止まらない。最後の審判の日には、アバドンという地獄の王が出現するともいわれているのだ。

アバドンとは、罪人や悪魔崇拝者などの悔い改めないものが落とされる奈落とされていたが、やがてはその奈落を支配する王のことを指すようになった。その姿は巨大なイナゴのようだといわれ、馬に似て金の冠をかぶり、翼とサソリの尾を持ち、ライオンの歯と女の髪を持っているともいう。

アバドンは、第五の天使が鳴らすラッパの音とともに姿を現わし、地上を破壊し尽くし、多くの人々を死に追いやるのだ。

「ヨハネの黙示録」は詳細なようで肝心な部分に謎が多く、６６６とは、当時の暴政をふるったローマ皇帝を表わしているとか、アバドンを象徴するイナゴは、農作物の不作による大飢饉を表わすなどとも解釈された。

さまざまに解釈されるだけに、人々に与えた影響も大きく「黙示録」に触発された芸術作品は、絵画や文学、詩や演劇など多岐に渡る。

黙示録の獣が現われ、最終戦争が始まる

Secret of Demons

イエス・キリストの兄は悪魔だった！

救世主にサタナエルという兄がいたと説く異端のキリスト教ポゴミール派とは？

人間は悪魔によって創られた!?

イエス・キリストといえば、紀元一世紀頃に現在のパレスチナに生まれ、キリスト教の開祖となり、いまでも多くの人々から信仰を集め続ける人物だ。だが、そんな聖人の兄が、悪魔だったという伝説があるのをご存知だろうか？

イエスの兄が悪魔だったと主張したのは、キリスト教の異端ポゴミール派だ。ポゴミール派は、十世紀から十四世紀にかけてブルガリアを中心としたバルカン半島で隆盛を極めたキリスト教の一派であり、グノーシス主義に影響を受け

た独特の教義を説いていた。

ポゴミール派の創世神話では、原初の宇宙において、神にはふたりの息子がいたとしている。そのふたりの名を、サタナエルとイエス・キリストという。だが、あるときサタナエルが神に反旗を翻し、その地位を奪おうとするが失敗。天界から追放されたサタナエルは、神の世界に対抗するために地上世界を創り、人間を創り出した。そして、人間たちに創造主である自分を神として崇拝するように仕向けたというのである。

つまり、ポゴミール派は、人間をはじめとする地上世界のあらゆるものは、堕天使（悪魔）であるサタナエルによって創られたものであり、人間たち（他のキリスト教宗派）が神だと思っているのは、じつは悪魔なのだと説いたのだ。

この、すべての物質的な存在を悪と見なし、人間の魂はニセの神によって囚われているのだという考え方は、グノーシス主義の影響を強く受けたものだろう。もちろん、このような思想は正統キリスト教からは異端として厳しく攻撃された。それでもこの宗派は信者数を増やしていき、一時は正統派をもしのぐほどの勢いであったという。

だが、やがて信仰の中心地であったブルガリアがイスラム教国のオスマン帝国に支配されるようになったことなどにより衰退し、ポゴミール派は姿を消してしまう。しかし、その教義は、フランスのカタリ派などのキリスト教異端に

受け継がれていったともいわれている。

謎の存在イエス・キリストの兄弟たち

ちなみに、サタナエルという堕天使は、古いユダヤ教の伝承のなかにも登場する。

サタナエルが、神に叛逆した堕天使たちのリーダーであり、地上に追放されたという点はポゴミール派の教義と共通しているが、人間がサタナエルによって創られたなどという言い伝えはない。また、この堕天の伝承により、のちのユダヤ・キリスト教においてサタナエルはサタンと同一視されるようになったが、イエスと兄弟であるなどというのは、ポゴミール派独自の思想だ。

ところで、実際にイエス・キリストに兄弟がいたかどうかということについては、諸説わかれている。『新約聖書』の記述を根拠にして、プロテスタントはイエスに血を分けた兄弟がいたと解釈しているが、カトリックなどでは、イエスの母マリアの処女性を重視するため、兄弟はいなかったとしている。

また、一部の民間伝承においては、ゴルゴタの丘で処刑されたのは身代わりとなったイエスの兄弟であり、イエス当人は処刑を逃れたという説も存在している。

イエスの兄であり、堕天使でもあるサタナエル

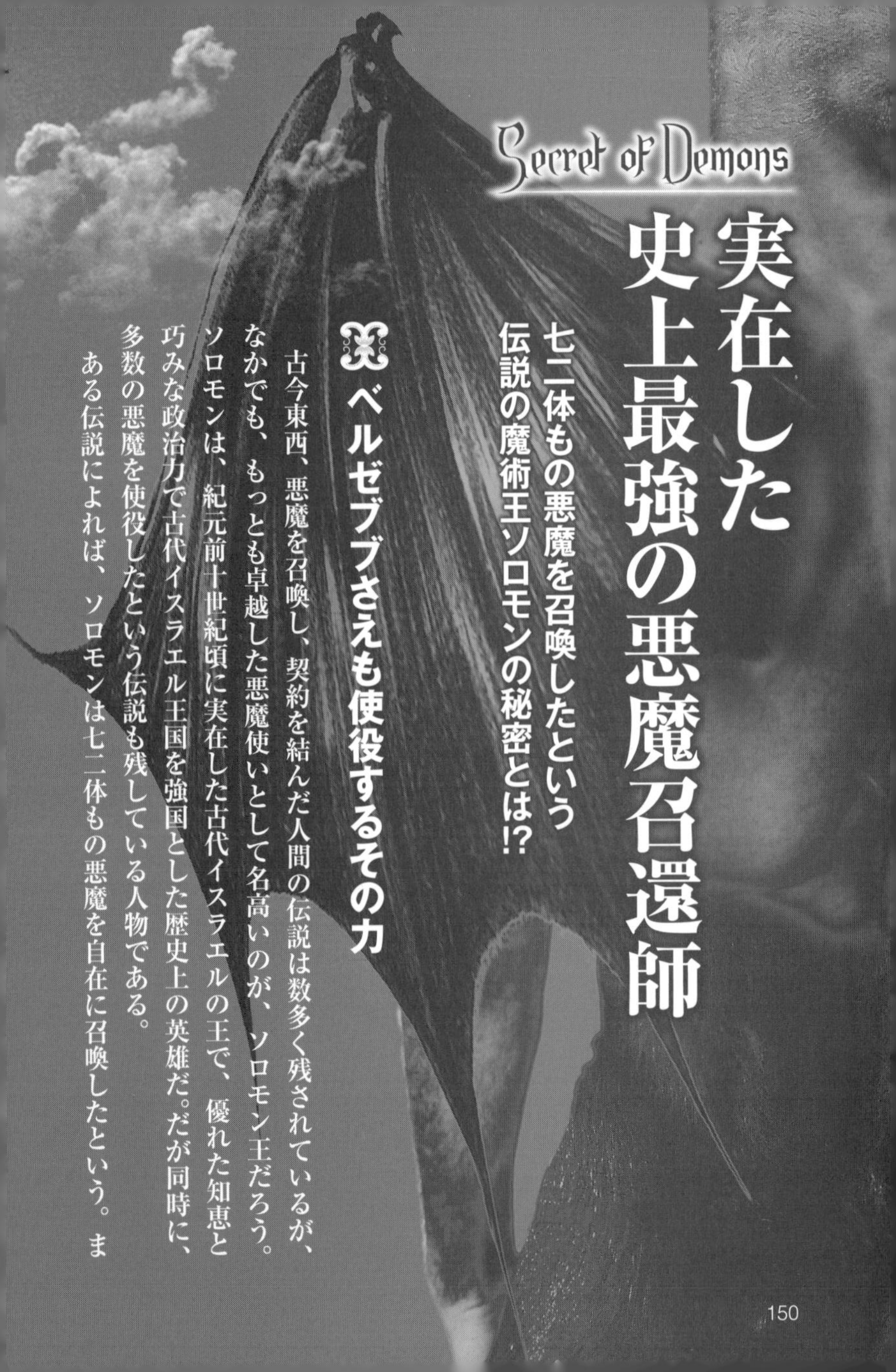

Secret of Demons

実在した史上最強の悪魔召還師

七二体もの悪魔を召喚したという伝説の魔術王ソロモンの秘密とは!?

ベルゼブブさえも使役するその力

古今東西、悪魔を召喚し、契約を結んだ人間の伝説は数多く残されているが、なかでも、もっとも卓越した悪魔使いとして名高いのが、ソロモン王だろう。ソロモンは、紀元前十世紀頃に実在した古代イスラエルの王で、優れた知恵と巧みな政治力で古代イスラエル王国を強国とした歴史上の英雄だ。だが同時に、多数の悪魔を使役したという伝説も残している人物である。

ある伝説によれば、ソロモンは七二体もの悪魔を自在に召喚したという。ま

た別の伝説によれば、堕天使ベリアルとその配下の五二万二二八〇体の悪魔を、小さなビンに封印してしまったともいう。それほどまでに、この魔術王の力は抜きん出ていたのだ。彼の自由にならない悪魔はいなかったようで、「蝿の王」ベルゼブブでさえも、ソロモンの前にはひざまずいている。

あるときソロモンは、エルサレムに神殿を建てようと思い立ち、そのために悪魔を呼び出そうと考えた。そこでソロモンは、強力な悪魔であるベルゼブブを召喚する。もちろん誇り高き地獄の君主であるベルゼブブは、人間ごときに使われるのを嫌がり、必死に抵抗したが、ソロモンの魔力の前に抗うことはできなかった。そして、神殿建築のための労働力として何体もの悪魔を呼び出すことを約束させられ、自らも大理石の切り出しに協力させられたのである。

悪魔たちに対して、ソロモンがここまで絶対的な力を持つことができたのには理由がある。それは、彼がふたつの魔法の道具を所持していたからだ。ひとつは、大天使ミカエルから授かった、すべての天使と悪魔に命令を下すことのできる魔法の指輪。もうひとつは、『天使ラジエルの書』と呼ばれる、宇宙のあらゆる知識が書かれた本である。これらの力によって、ソロモンは自在に悪魔を使役したのだといわれている。

だが、ソロモンも、自分が悪魔たちに圧倒的な力を行使できることを過信しすぎて、失敗をしてしまったことがある。

慢心を突かれて、魔法の指輪を奪われる

エルサレム神殿建築のためにベルゼブブに呼び出させた悪魔たちのなかに、アスモデウスという悪魔がいた。

ある日、アスモデウスは、建築の途中で見学にやってきたソロモンに向かい、「魔法の指輪さえなければ、おまえなど少しも怖くない」と挑発。これを聞いたソロモンは、カッときて思わず指輪を外してしまった。すると次の瞬間、アスモデウスは指輪を奪い、都からソロモンを追放して自分がイスラエルの王となり、指輪を海に捨ててしまったのである。

砂漠を放浪しながらソロモンは、悪魔の前で慢心してしまったことを激しく後悔したが、あとの祭りであった。ところが、あるときソロモンの恋人であったアンモナイト・ナマハが海で捕まえた魚の腹を割いてみると、そこから魔法の指輪が姿を現わした。

こうしてふたたび指輪を手に入れたソロモンは、イスラエルに飛んで帰り、アスモデウスを王座から引きずり下ろすと、ビンのなかに封印してしまった。そして、以後の生涯において、二度と指輪を外すことはなかったと言い伝えられている。

魔道書と魔法の指輪で悪魔を使役したソロモン

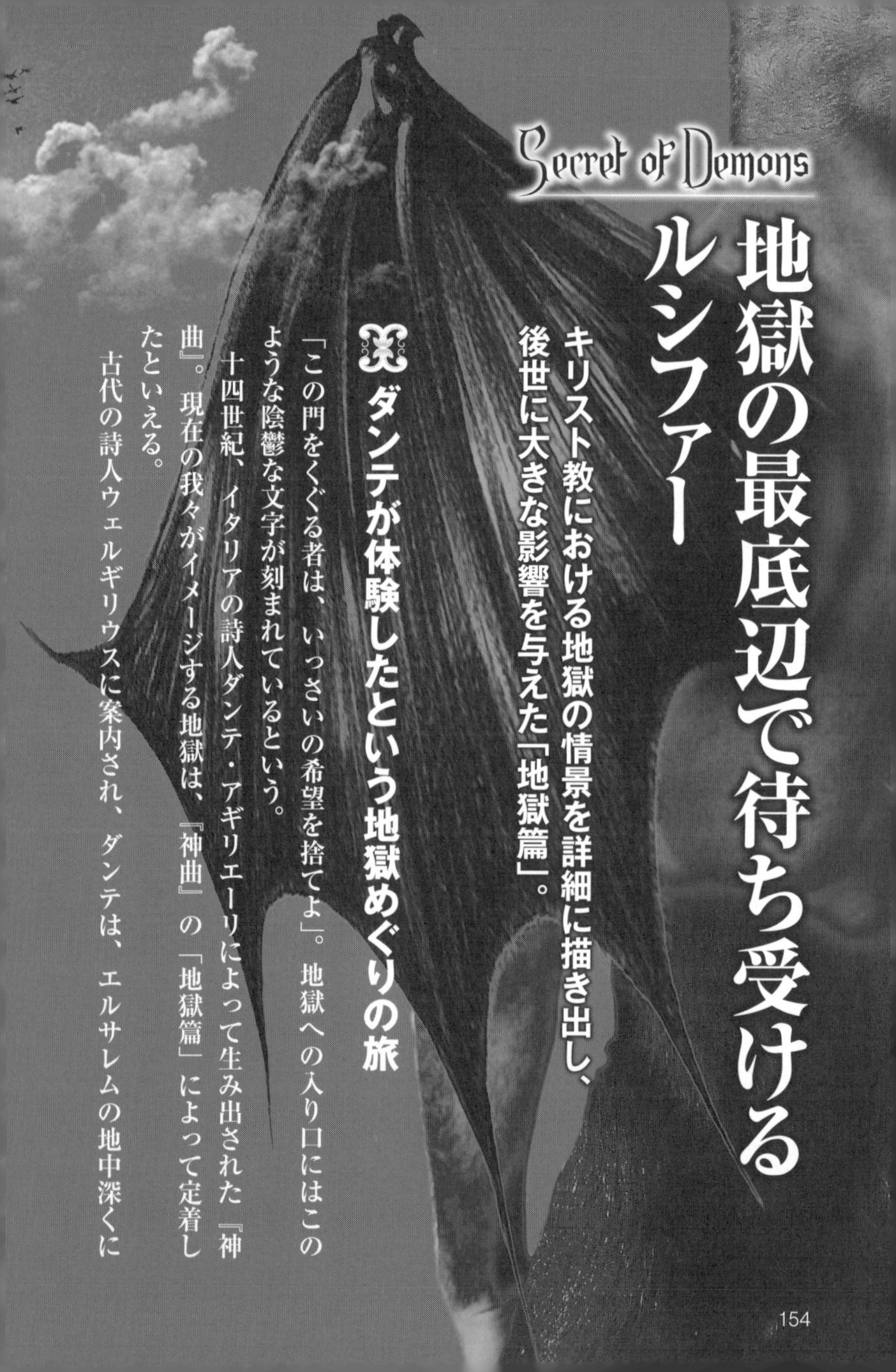

Secret of Demons

地獄の最底辺で待ち受けるルシファー

キリスト教における地獄の情景を詳細に描き出し、後世に大きな影響を与えた「地獄篇」。

ダンテが体験したという地獄めぐりの旅

「この門をくぐる者は、いっさいの希望を捨てよ」。地獄への入り口にはこのような陰鬱な文字が刻まれているという。

十四世紀、イタリアの詩人ダンテ・アギリエーリによって生み出された『神曲』。現在の我々がイメージする地獄は、『神曲』の「地獄篇」によって定着したといえる。

古代の詩人ウェルギリウスに案内され、ダンテは、エルサレムの地中深くに

続いている地獄を巡ったとしている。地獄の門をくぐると、前庭に善人でも悪人でもない人々が、無為の象徴である無地の機を織っている。その先のアケロン川の対岸が地獄である。地獄は、円すいを逆さにしたようなすり鉢状の構造で、下層に行くにしたがって狭くなっていく。全部で九つの階層に分かれており、犯した罪が重いほど、下層の地獄へと落とされるのだ。

異教徒と裏切り者には特に厳しい九つの地獄

地獄の第一圏は「辺獄（リンボ）」と呼ばれる。徳の高い異教徒や、洗礼を受けずに死んだものが集められる。キリスト誕生以前に死んだ者も含まれるため、アダムやノアをはじめ、プラトンやアリストテレスといった偉大な学者たちも集められている。ただ、苦しい責め苦などはないため、学者たちは、思索を続けられるこの場所に、それなりに満足しているという。

第二圏は、愛欲に溺れた者が落とされる「邪淫地獄」だ。ここからが本格的な地獄の始まりといえ、罪人たちは永遠の暴風に翻弄される。第三圏は「大食地獄」で、暴飲暴食をくりかえした者が、地獄の番犬ケルベロスの食糧として追われている。さらに、私腹を肥やした聖職者や、浪費の罪を犯した者が落ちる第四圏の「貪欲地獄」では、ケチな亡者と浪費家の亡者が醜く争う。怒りの

感情を抑えられなかったものが落ちる第五圏の「憤怒地獄」でも、灼熱の泥川のなかでお互いを殴りあっている。

キリスト以外の神を信じる異教徒や、教義からはずれた異端者は、第六圏の「異端地獄」で、熱した墓のなかで苦しみ喘ぐ。続く第七圏は、殺人者や強盗、そして自殺者など、自分や他人を傷つけたものが落とされる「暴虐地獄」だ。自殺者は森の樹木となって動くこともできない。また、神に対して暴言を吐いたものも、熱砂の荒地で火の雨に焼かれている。

第八圏は、「邪悪の濠《ほり》（マーレボルジェ）」といい、誘惑した者、媚びへつらう者、聖書や聖物を売買した者、魔術師、汚職者、偽善者、盗賊、詐略者、離間者、詐欺師、といった一〇の罪を犯した者が、一〇の過酷な罰を受ける。たとえば、魔術師は首を後ろにねじ曲げられ、詐欺師は見た目は美しいが耐えられないほどの重さを持つ外套を着せられる。

そして、地獄の最底辺は、最悪の罪人である裏切り者を罰する地獄だ。「反逆地獄（コキュートス）」と呼ばれる第九圏は、氷に閉ざされた極寒の地で、天を裏切った堕天使ルシファーが氷漬けにされている。そこでは、歴史に名高い裏切り者のユダ、ブルータス、カシウスの三名が、ルシファーに噛み砕かれ続けている。ルシファーの背後には煉獄へと向かう小道があるが、ルシファーの背をおりなければならず、地獄からの脱出は容易ではない。

「いっさいの希望を捨てよ」と刻まれた巨大な地獄門

Secret of Demons

メフィストフェレスと契約したファウストはどうなったのか？

悪魔メフィストフェレスと契約し、快楽に溺れたファウストの逝き先は天国か地獄か？

ゲーテが描いたファウストの絶望と救済

死後の魂と引き換えに、現世での栄華を得るファウスト博士。劇作家ゲーテの『ファウスト』は、悪魔との取引による代償の大きさと、愛による救済を描いた傑作として、後世に大きな影響を与えている。

物語では、神と賭けをした悪魔メフィストフェレスが、人生を研究にささげてきたファウストを誘惑する。最初は黒い犬で、次には学者、そして貴族と変幻自在に現われるメフィストフェレスは「光を愛さぬもの」という意味を持つ

悪魔だ。破壊者メフィズと嘘つきトフェルが合体したものともいわれる。

現世のあらゆる快楽を体験させようというメフィストフェレスの誘いにのせられ、ファウストは悪魔の力を得るかわりに、死後にメフィストフェレスのしもべとなることを約束する。

そして、美しい少女グレートヒェンを自分のものにすると、邪魔者の彼女の母や兄を殺害。さんざんもてあそびながら、身ごもったグレートヒェンをあっさりと捨てるなどの非道をはたらく。失意のグレートヒェンは気がふれたすえに、生まれたばかりの子を殺害し、逮捕されて死刑を宣告される。

ここにいたって、ようやくファウストは激しく後悔するが、グレートヒェンは処刑され、メフィストフェレスはファウストを嘲笑しながら地獄へと誘う。

ところが、聖母マリアによってグレートヒェンの魂は天上に運ばれる。人を愛することを知ったファウストも、最後は神によって救済される。

結局、メフィストフェレスは神との賭けに敗れ、ファウストの魂を手に入れそこなうのである。

非業の死をとげた実在のファウスト博士

ゲーテの『ファウスト』は一八三二年の作品だが、そのモデルとなったのは、

十六世紀ドイツに実在した人物ヨハン・ファウスト博士である。

哲学者で錬金術師、魔術師で占い師でもあった実在のファウスト博士は、黒魔術を行ない、悪魔と契約したと公言していた。

しかし、ある日室内で血まみれのバラバラ死体となって発見される。さまざまな憶測が流れたが、彼を知る人々は、悪魔によって魂を奪われたのだと主張する。やがて、ほかの逸話と混じり合い、ファウスト博士の死は伝説となる。

このファウスト伝説のもとになったのが、一五八七年のヨハン・シュピースの著書『民衆本』に収録された「ヨハン・ファウスト物語」である。

初期の伝説では、ファウスト博士はみずから悪魔メフィストフェレスを呼び出し、悪魔の持つ魅力に取り憑かれ、二十四年間の契約を結んだとされる。

ファウストは、最初は有頂天になって悪魔の力を使っていたが、契約期限が近づくに連れて、自分が結んだ犯した愚かな契約を後悔するようになる。

メフィストフェレスは、そんな彼に地獄での生活がどのようなものか見せてやり、契約の履行をせまる。ファウストは絶望し、自暴自棄になって肉欲と酒に溺れる日々をすごす。そして、約束の日、悪魔によって地獄に引き込まれ、後には黒こげのバラバラ死体が残るのだ。

ゲーテが描いたのとは違い、初期のファウスト作品では、彼の魂は救済されることなく、悪魔のものとなってしまうのが特徴といえる。

魂と引き換えに、人間に快楽を与えるメフィストフェレス

Secret of Demons
Another story

マンガ編

フィクションのなかの天使と悪魔

幅広い役柄で描かれる悪魔たち

天使や悪魔が登場する漫画作品は数多い。藤原カムイの『旧約聖書　創世記』は、旧約聖書の序盤の部分をそのまま漫画化したものだ。古典的な宗教書の漫画版というとなんだか退屈に思えそうだが、その精密で細やかなペンタッチや、人間味溢れる聖書のキャラクターたちの姿を見るだけでも価値がある。

とくに、アダムとイヴが蛇に姿を変えた悪魔にそそのかされて、天使ケルビムの守護するエデンの園を追放されるエピソードは圧巻だ。

漫画界の巨人、手塚治虫は、悪魔と契約したというファウスト博士の物語を三度描いた。まず『ファウスト』。これはゲーテ原作の物語をコミカルな少年向けにした作品だ。次に『百物語』。これは舞台を日本の戦国時代に置き換え、さえない侍が女の悪魔と出会い、一国一城を手に入れるまでを描いた。そして『ネオ・ファウスト』。これは戦後の日本が舞台で、生命科学を研究する老教授が女の悪魔と出会って生まれ変わり、人工の生命を生み出そうとする物語だが、作者の急死によって残念ながら未完に終わった。いずれも、悪魔と人間の関わりを通じて「人間の幸福とはなにか?」に迫っている。

水木しげるの『悪魔くん　千年王国』に

も、ファウストが登場する。この作品の主人公である松下一郎、通称悪魔くんは、悪魔の力を借りて不幸も貧困もないユートピア「千年王国」の建設を目指す天才少年だ。しかし、ファウスト博士の力を借りて悪魔ベルゼブブを地上に呼び出した悪魔くんの前には、世界的な実業家となっているサタンの末裔や、悪魔以上に強欲な人間たちなどの敵が立ちはだかり、苦闘をくり広げることになる。

漫画の世界では、悪魔が単純な悪役とは限らない。永井豪の『デビルマン』では、悪魔と通称されるデーモン族は地球の先住人種と解釈されている。主人公の不動明は人類を襲うデーモン族と戦うため、みずから悪魔の力を身につけた悪魔人間すなわちデビルマンとなった。しかし、戦いの過程で、隣人を疑う疑心暗鬼に取り憑かれた人間こそが悪魔以上に悪魔的な存在であることに気づかされる。

物語は最終的に、デビルマンと悪魔デーモン族を率いる堕天使サタンの、聖書の黙示録をモチーフとした最終戦争に至る。戦いの果てのラストシーンは美しくも悲壮だ。

さて、キリスト教や仏教など多くの宗教では、来るべき最後の審判、末法の世といった未来における滅亡と再生が語られている。SF作家・光瀬龍の原作を萩尾望都が漫画化した『百億の昼と千億の夜』は、このテーマに深く迫った。壮大なスケールを持つこの作品では、ギリシアの哲学者プラトンや預言者キリストなどが登場し、宇宙生命の滅亡を仕組んでいるらしき者〝シ〟と、これに逆らう阿修羅王たちの戦いが描かれる。劇中での阿修羅王は仏の使徒ではなく、永遠の戦いを続ける誇り高い戦士となっている。

Secret of Demons

堕天使とはなにか？

高慢、嫉妬、欲望――
天使たちが堕ちたのは何故か？

人間の守護者という役割を放棄した者たち

堕天使とは文字通り、神の怒りを買い、天界から「堕ちた」天使たちのことだ。一説には、天界にいた天使のうち三分の一――一億三三三〇万六六六八人もの天使が、堕天使になったといわれているが、その天から堕ちた理由を見てみると、大きく三つのグループにわけることができる。

ひとつめは、高慢さから堕天した者たちのグループ。その代表は、すべての悪魔の上に君臨するともいわれるルシファーや、イエス・キリストと兄弟だっ

たという伝説を持つサタナエルだ。彼らは、天使たちのなかでも高位におり、優秀な能力を持っていたために、いつしか自分たちのほうが神よりも優れているのではないかと考えるようになった。そして、神に直接、叛逆の牙を剥くが敗れ、天界から追放されてしまう。ちなみに、ルシファーに扇動されて反乱に加わり、敗北後、首謀者と共に追放された堕天使は数多くおり、人間の情欲を操る悪魔アスモデウスなどもその一員であるといわれている。

ふたつめは、嫉妬から堕天した者たちのグループ。これは、神の寵愛が天使から人間に移ったことに嫉妬し、神の意に背いて人間を害するようになった天使たちのことだ。ルシファーが神に叛逆した本当の理由は、人間への嫉妬にあったという説もあるし、アザゼルという天使は、神に最初の人間であるアダムに仕えるよう命じられたことが不服で、堕天したともいわれている。

そして三番目のグループは、欲望から堕天した者たちだ。先に名前の挙がったアザゼルは、別の伝承では、人間の女性と交わることを望み、自ら堕天したともいわれている。また、イスラム教の伝承に登場するハルートとマルートという天使は、人間の美女に誘惑されて情欲に溺れたことから、天界から追放された。その後、この二体の堕天使は悪徳の都バビロンで暮らしたとされる。

このように天使が堕天した理由はさまざまだが、天界を追放された彼らはみな、人間を破滅に導く者となって、悪魔と同一視されていくのである。

Secret of Demons

神が自ら創った悪魔とは？

天地創造の五日めに創られた海の怪獣と陸の巨獣。

人間の食料になった悪魔!?

神が自ら創った悪魔がいる。もちろん、堕天使たちも、もとは神によって創られた天使たちだが、そうではなく、はじめから悪魔として神によって創られた者たちがいるのだ。それが、レヴィヤタン（リバイアサン）とベヘモット（ベヒモス）。この二体は、神が天地創造の五日目に創ったという。

レヴィヤタンは、『旧約聖書』の「ヨブ記」や「ヨナ書」などに登場する巨大な海の怪物だ。硬い鱗と巨体により、あらゆる武器が、この怪物には効かな

いとされている。また、最初は雌雄二体のレヴィヤタンが存在したが、海がこの怪物で埋まってしまうことを恐れた神により、雄のほうは殺されてしまったともいう。

一方、ベヘモットは、レヴィヤタンと対をなす存在で、こちらは巨大な陸の怪物である。その姿は、大きな腹を持った象の姿をしているとも、サイに似ているとも、カバに似ているともいわれている。底なしの食欲の持ち主だが、穏和な性格で、すべての野の獣が彼とたわむれたという。また、「ヨブ記」のなかでは、「これこそ神の傑作」とまで賞賛されている。

このように、レヴィヤタンもベヘモットも、もとは邪悪な悪魔というよりも、神の創った驚異の生物という意味合いが強かった。それゆえ、レヴィヤタンなどは神に頭を砕かれて殺され、人間の食料になったという伝説も残されているほどだ。

しかし、中世以降、レヴィヤタンとベヘモットを完全に悪魔と見なす考え方が支配的になってくる。

そのような見方のなかでは、レヴィヤタンは蛇のような姿をしており、嫉妬を司る水棲の悪魔で、アダムとイヴを誘惑したドラゴンと同一視される存在となった。また、ベヘモットのほうは、貪欲や暴飲暴食を司る、象頭人身の姿をした悪魔であると考えられるようになった。

Secret of Demons

いちばん頭の良い悪魔とは？

「無垢」であるべき人間たちに「知識」を与える悪魔たち。

過去と未来の知識は神の領域

一般的に、「知識」や「知恵」は良いものとされているが、キリスト教においては、あまりそうとばかりはいえない。アダムとイヴが「智恵の木の実」を食べてしまったことが原因で楽園から追放されたことからもわかるように、キリスト教では、人間は「無垢《むく》」であることを善としているからである。

このため、「知識」や「知恵」といったものは、悪魔の特質と見なされるようになり、多くの悪魔たちは狡猾なまでの賢さの持ち主と考えられた。

では、そんな悪魔たちのなかでも、もっとも頭の良い悪魔は誰なのだろうか？

その候補には、何体かの悪魔を挙げることができる。

まず筆頭に挙がるのは、オロバス。この悪魔は、人間の胴体に馬の頭を持った姿をしており、一説には堕天使であるという。そして、過去、現在、未来に関するあらゆる質問に答えることができ、また確実に嘘を見破ることができるとされている。さらには、神の本質や、かつて神が行なった天地創造の秘密についても深く知っているという。いうなれば、オロバスは知識の量だけで見れば、ほぼ神と同等の存在なのだ。

だが、ベレトという悪魔も、賢さではオロバスに引けを取らない。この悪魔は、全身を真っ赤な装束に包み、金の冠を被った若い兵士の姿で、赤い馬に乗って出現するとされている。そして、オロバスと同じように、未来と過去のことについて教えてくれるが、それだけではなく、あらゆる金属を黄金に変える力を持っているという。つまり、物質に関する、ずば抜けた知識の持ち主なのだ。そのため、ベレトは多くの錬金術師たちに崇拝された。

最後にもう一体、ポティスという悪魔を紹介しよう。醜い毒蛇の姿をしたこの悪魔も、過去と未来の知識を持っているとされている。賢いといわれる悪魔たちが揃って、過去や未来の知識の持ち主なのは、やはりそれが神の領域であり、人間には禁忌のものであるからだろう。

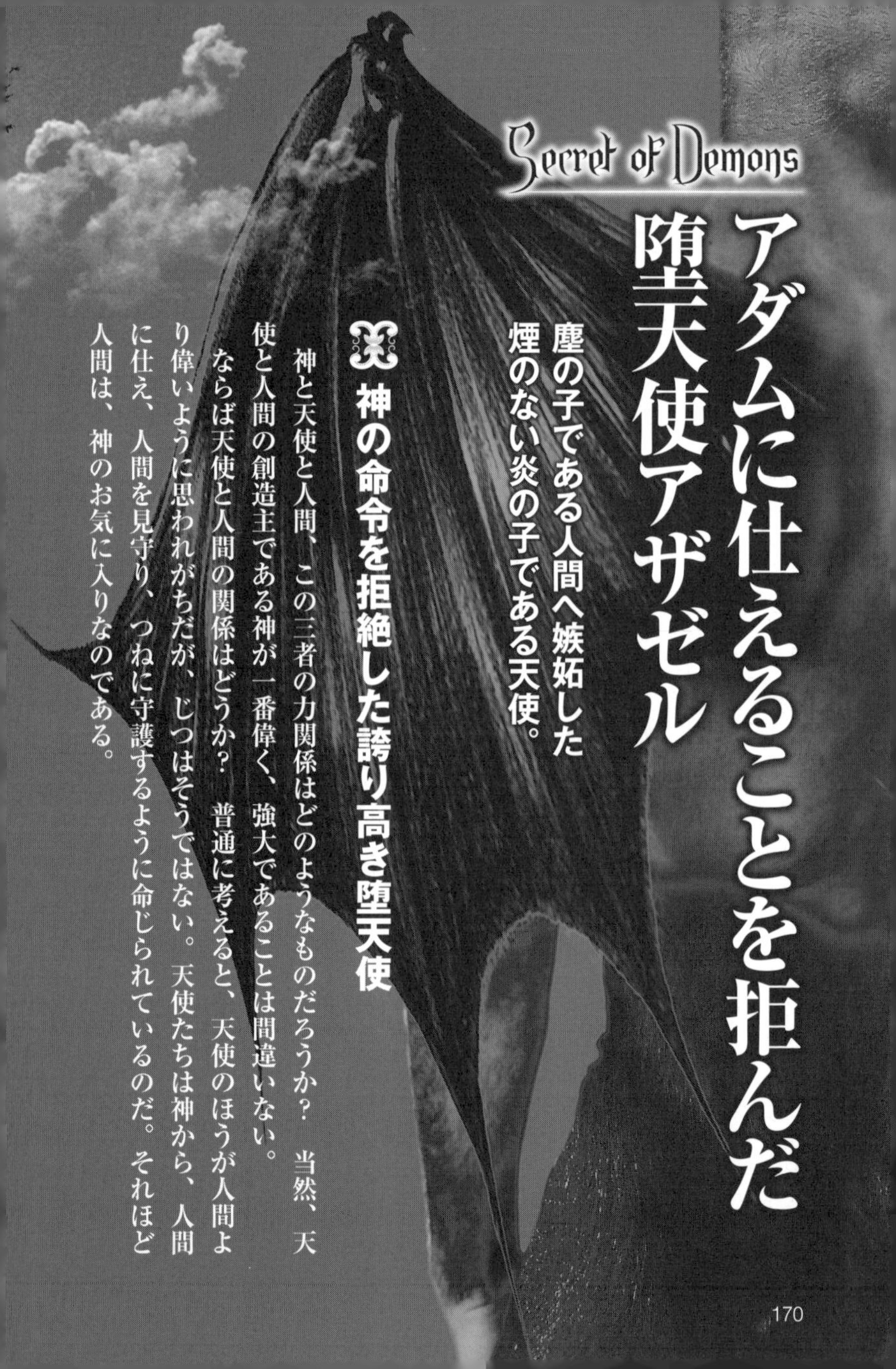

Secret of Demons

アダムに仕えることを拒んだ堕天使アザゼル

塵の子である人間へ嫉妬した煙のない炎の子である天使。

神の命令を拒絶した誇り高き堕天使

神と天使と人間、この三者の力関係はどのようなものだろうか？　当然、天使と人間の創造主である神が一番偉く、強大であることは間違いない。

ならば天使と人間の関係はどうか？　普通に考えると、天使のほうが人間より偉いように思われがちだが、じつはそうではない。天使たちは神から、人間に仕え、人間を見守り、つねに守護するように命じられているのだ。それほど人間は、神のお気に入りなのである。

しかし、人間よりも天使のほうが先に神に創られている。いうならば先輩だ。ゆえに、あとから創られ、しかも無力な人間に仕えることを面白く思わなかった天使もいた。それが、アザゼルだ。ヘブライ語で「神に力を与えられた者」、「神の如き強者」という意味を持ち、その名の通り、天界における主要な三体の天使のうちのひとりに数えられるほどの優秀な天使であった。

そんなアザゼルだからこそ、神が天使たちにアダムに仕えるよう命じたときに反発を覚えたのは自然なことだっただろう。

アザゼルは、「煙のない炎の子である天使は、塵の子である人間に膝を屈するべきではない」と言い放ち、敢然と神の命令を拒絶。そして、同じ思いを抱いていた天使たちと力を合わせ、神に向かって反乱を起こした。

だが、この反乱は神に鎮圧され、アザゼルと彼に従った天使たちは天界から追放され、堕天使となるのである。

ある言い伝えによれば、アザゼルは、地上に堕ちたのちに人間の女性と交わり、凶暴な巨人たちを生み出したという。また、堕天使としてのアザゼルは、七つの蛇の頭と、一四の顔、一二枚の翼を持つ姿をしているともいう。

ちなみに、アザゼルのルーツは、古代パレスチナ地方に住んでいたカナン人たちの神、アシズ神だという説もある。もとが神ならば、なおのこと人間ごときに膝を屈することは、プライドが許さなかったに違いない。

Secret of Demons

「七つの大罪」と深い関係を持つ悪魔とは?

キリスト教で重視される「七つの大罪」と
それに対応する悪魔たちとは?

人間の欲望を刺激する七体の悪魔たち

キリスト教には「七つの大罪」という考え方がある。これは人間を悪に導く可能性を持つ、七つの欲望や感情を並べたものだ。仏教でいうところの、一〇八の煩悩などに近い考え方といえよう。

この「七つの大罪」という概念は、四世紀頃に登場するが、当初、罪の数は八つであったという。それが六世紀後半に、七つに整理された。また、その七つの分け方についても、時代によって微妙な違いがあるが、十三世紀には、ほ

ぼ現在の形にまとめられたようだ。そして、次第に「七つの大罪」それぞれに対応する悪魔がいると考えられるようになっていった。つまり、それらの悪魔によって、人間の欲望が刺激されているのだと考えたのである。

「七つの大罪」と、それに対応した悪魔のリストは次のようになっている。

・傲慢――ルシファー
・嫉妬――レヴィヤタン
・憤怒――サタン
・怠惰――ベルフェゴール
・強欲――マモン
・暴食――ベルゼブブ
・色欲――アスモデウス

この対応関係のうち、神の座を奪おうとした堕天使ルシファーが傲慢を司り、『旧約聖書』の外典「トビト書」で若い娘に執着したアスモデウスが色欲を司り、金銭にまつわる悪魔であるマモンが強欲を司っていたりすることは、非常にわかりやすい。しかし、何故、嫉妬を司るのが海の怪獣であるレヴィヤタンなのか、暴食を司るのが「蠅の王」ベルゼブブなのかは、説明が苦しいところだ。ちなみにベルフェゴールは、人間世界に結婚の幸福がないことを証明した伝説で知られる悪魔である。

Secret of Demons

さまざまな仕事を担っている悪魔たち

上司もいれば部下もいる!?
人間社会によく似た悪魔たちの世界。

地獄の支出会計係から見世物局長まで

中世以降、悪魔学が発展していくにつれ、地獄に住む悪魔たちにも、人間と同じような社会が存在すると考える者たちが出てきた。その結果、悪魔たちに、地獄の公爵だとか、地獄の大元帥だとか、地獄の総裁といった肩書きがつけられることとなる。

十六世紀の大魔術師アグリッパの弟子であるヴァイエルによれば、地獄のヒエラルキーでは、頂点に皇帝がおり、その下に七人の王、以下、二三人の公爵、

三〇人の侯爵、一〇人の伯爵、一一人の総督がいるとしている。

さらには、公爵や元帥といった称号だけではなく、地獄でさまざまな仕事を担っている悪魔たちもいると考える者もいた。

例えば、グザフォンという堕天使（悪魔）は、地獄の釜のふいご吹きであるとされている。グザフォンはルシファーが神に叛逆したときに賛同し、天界に火を放とうとしたという。それゆえ、地獄に堕ちてからも、火にまつわる仕事を担うようになったというのだ。

あるいは、バルベリトという悪魔は、地獄の記録保管室の看守であり、儀典長と大神官を務めているとされている。彼の仕事は、人間と悪魔が契約を結ぶとき、その認証をするというものだ。いうならば、地獄のお役所の窓口係のようなものだろう。

地獄での仕事はまだまだある。ヴェルドレという悪魔は、地獄宮廷の式部官であるという。彼の仕事は、サバト（悪魔の祭り）に集まる魔女たちの移動を司るというもの。つまり、イベントの進行係のようなものだ。また、ネルガルという悪魔は地獄の秘密警察の長官であり、メルコムという悪魔は支出会計官、ニスロクという悪魔は厨房長で、コバルという悪魔は地獄の娯楽を担当する見世物局長であるという。……これら地獄の役職には、ほとんど根拠はないが、なかなか楽しい発想といえよう。

Secret of Demons

マルティン・ルターにインク瓶を投げつけられた悪魔

希代の弁論家として知れるルター
そんな彼が議論した悪魔とは——

古城の壁に残るインクの染み

マルティン・ルターといえば、十五世紀のドイツに生まれ、キリスト教の宗教改革を行なったことで知られる人物だ。ルターは、長い伝統を持つカトリック教会と激しい論戦を繰り返し、プロテスタント教会の源流を作りあげたが、じつは悪魔とも論戦をしたという伝説が残されている。いや、伝説としてだけではなく、ルター自身が、自分は悪魔と出会ったことがあり、言い争ったと書き残しているのだ。

そのルターの論争相手となった悪魔として、さまざまな名前が挙がっているが、なかでも有力視されているのは、カイムという悪魔である。カイムは、鶫《つぐみ》の姿をしており、あらゆる言語を操ることのできる悪魔だ。また、その言語能力を駆使して、論争に抜群の才能を持っているとされている。そういう意味で、これほどルターの相手にふさわしい悪魔はいないだろう。

具体的にルターとカイムがどのような議論をしたのかは、残念ながら記録が残されていないが、恐らく、「神の実在」などについて論戦がくり広げられたのだろう。この議論は幾晩も続いたという。

また、ルターが悪魔と出会ったのは、その生涯において一度きりのことではなく、何度も体験したといわれている。一番有名なのは、ルターが三十八歳のときのことだが、このときは論戦にならずに終わっている。宗教改革を唱えたことでカトリックから異端として破門されたルターは、その頃、ドイツのヴァルトブルク城に身を隠し、『新約聖書』のドイツ語版の翻訳作業に専念していた。そこに悪魔が現われ、ルターに論戦を挑んだのだ。だが、仕事の邪魔をされたことにカッときたルターは、思わず悪魔にインク瓶を投げつけてしまった。すると悪魔は、その剣幕に驚き、退散してしまったと言い伝えられている。

逃げ出した悪魔がカイムであったかどうかは不明だが、いまもヴァルトブルク城にはルターの投げつけたインクの染みが壁に残されている。

Secret of Demons

惑星と悪魔の意外な関係

占星術師たちは、惑星や黄道十二宮を支配する悪魔がいると考えた——

夜空に輝く「サタンの首」

昔の人々にとって、夜空に輝く星の動きというのは不思議なものであったようだ。そのため、古代の天文学者や占星術師たちは、星が天使や悪魔によって支配され、動かされていると考えた。

例えば、太陽系の惑星にも、それぞれを動かす神秘的な存在がいると考える者たちも多かった。月＝スケドバルスケモス、水星＝タフタルタラト、金星＝ケデメル、太陽＝ソラト、火星＝バルバゼル、木星＝ヒスマエル、土星＝ザゼ

ルというのが、一般的に信じられてきた太陽系の惑星を動かすものたちの名だ。この支配者たちは高位の霊的存在とも、悪魔であるともいわれている。

また、十五世紀ドイツに生まれた魔術師、錬金術師であり、占星術師でもあったハインリヒ・コーネリアス・アグリッパは、西洋占星術の基本概念である黄道十二宮には、それぞれの宮に対応した霊的な存在がいると提唱した。その対応関係は、次のようなものだ。

白羊宮＝マルキダニエル、金牛宮＝アスモデル、双子宮＝アムブリエル、巨蟹宮＝ムリエル、獅子宮＝ウェルキエル、処女宮＝ハマリエル、天秤宮＝ズリエル、天蝎《てんかつ》宮＝バルビエル、人馬宮＝アドナキエル、磨羯《まかつ》宮＝ハナエル、宝瓶《ほうへい》宮＝ガムビエル、双魚宮＝バキエル。

一説には、アグリッパが黄道十二宮と関連づけた霊的な存在たちは、はじめはそれぞれの宮を守護する天使たちであったが、のちに堕天し、悪魔となって宮を支配したともいわれている。

ちなみに、古代の占星術師たちが、もっとも不吉な星と考えたのが、ペルセウス座にある、連星アルゴルだ。ペルセウスの持つメデューサの首の位置で輝くこの星は、古来より悪魔の星と呼ばれ、ヘブライ語では、「ロシュ・ハ・サタン（サタンの首）」と呼ばれた。アルゴルは、食変光星という明るさが変化する恒星であり、それゆえ不吉なものと見なされたのだろう。

Secret of Demons

悪魔を召還するときの注意点は？

人間関係を仲裁したり、敵と戦ってくれたり人の役に立つ悪魔も存在する。

代償を求めず、人間に献身的な悪魔たち

悪魔はさまざまな能力を持ち、隠された知識の持ち主でもあるが、人間がその力を借りるのは、非常に危険なことだ。古来、多くの人間が悪魔の助力を得ようとし、いったんは望みを叶えるものの、最後にはその代償として命を奪われたといった伝説が数多く残されている。悪魔メフィストフェレスの伝説などが、その代表的なものだろう。

しかし、ごく稀に、なんの代償も求めず、人間に力を貸してくれる悪魔もい

る。そんな人間の役に立つ悪魔のひとりが、アモンだ。

アモンは、巨大な鳥、ないしはフクロウの頭部に人間の胴体という、見るからに悪魔らしい姿をしている。だが、この悪魔は、望む者に愛を獲得させ、仲たがいした友人同士を仲裁する能力を持っていた。人間関係を良好にすることに、悪魔としてどんな得があるのかはわからないが、とても役に立つ悪魔であることは間違いない。

また、マルコシアスという悪魔も、便利な存在だ。マルコシアスは、翼の生えた狼で、その口からは炎を吐くという恐ろしい悪魔だが、魔術師に召喚されると、質問には誠実に答え、戦いのさいには助けてくれると言い伝えられている。一説には、マルコシアスは、かつては主天使の地位にいた堕天使であるともいわれているが、その詳細は明らかとなっていない。

それから、フロウラスという悪魔も、使いようによっては役立つ悪魔といえよう。豹の姿をしたこの悪魔は、ほかの悪魔と対抗するときに助力してくれる悪魔であり、召喚者の敵をすべて炎で焼き尽くしてくれるといわれている。

もっとも、アモンやマルコシアスに比べると、フロウラスは少々危険だ。何故なら、召喚者が魔法陣のなかにいる限りは、フロウラスは忠実な協力者として振舞うが、もし一歩でも魔法陣から外に出てしまうと、途端に信用できない相手となるからである。召喚のさいは、ぜひ気をつけて欲しい。

Secret of Demons

ローマ皇帝の血を引く悪魔がいるというのは本当か？

ブリテン島に流刑された皇帝の娘が悪魔とのあいだに生んだ子どもたち。

キリスト教を弾圧した皇帝の子孫

人間の血を引いているという珍しい悪魔がいる。しかも、その人間が、ローマ皇帝だというから驚きだ。

イギリスに残る伝説によれば、かつてゴグとマゴクという悪魔がいた。そして、その二体の悪魔は、紀元三世紀のローマ皇帝・ディオクレティヌスの血を引いているというのだ。皇帝には娘がいたのだが、その娘が夫を殺した罪により海に流されてしまう。そして、ブリテン島に流れ着き、そこで悪魔の妻となっ

て、多くの子どもを生んだ。こうして生まれた子どもたちは巨人の悪魔であり、その多くは、のちに戦いなどによってほとんどが滅んでしまったが、ゴグとマゴクという兄弟だけは生き残ったというのだ。

やがて、悪魔の兄弟はロンドンの宮廷に赴き、そこで衛兵として働き、生涯を終えたと言い伝えられている。ちなみに、『旧約聖書』にも、ゴグとマゴグという名前が登場するが、このイギリスの悪魔巨人とは直接の関係はないという説が有力だ。

さて、悪魔が宮殿で働いたなどというのは、少々不思議な感じもするが、この伝説は、ある程度は歴史的な裏づけがあるらしい。ゴグとマゴクの死後、彼らの彫像が宮殿に建てられたという記録が、古い文献のなかに残されているのだ。しかも、その彫像はいまもイギリスに現存しているというのである。

もっとも、オリジナルの彫像は十七世紀のロンドン大火で消失。その後、再建されたが、それも第二次世界大戦のドイツの空襲によって失われ、いまあるものはそのレプリカであるという。

最後に余談だが、ディオクレティヌス帝は、キリスト教を弾圧した人物として知られている。キリスト教徒たちは、彼の治世下を「大迫害」と呼んだ。そのような経緯があったために、後世、彼の血筋を引いた者が悪魔と見なされたのかもしれない。

Secret of Demons

キリストのライバルであり、魔術師のモデルとなったアポロニウス

若者を吸血鬼の魔の手から救い出し、後世の魔術師の原型となった偉大な哲学者。

人々のために魔術を役立てた大魔術師

紀元一世紀のローマ時代。イエス・キリストが、神の教えを説いていたところ、魔術によって人々に奇跡を見せた人物がいた。彼こそ、すべての魔術師の原点となった大魔術師アポロニウスである。

現在のトルコにあたるティアナで生まれたアポロニウスは、容姿端麗で、周囲を圧倒する存在感を持っていた。彼はピタゴラス派の哲学者となったが、知識を深めるために放浪の旅に出た。ペルシアではゾロアスター教のマギ僧に学

び、遠くインドでバラモン僧にも教えを受けたといわれている。

アポロニウスは、持っていた財産をすべて貧しい者に分け与え、ボロ布一枚をまとい、裸足で修行の旅を続けたという。そして、旅の途中で訪れた地では、疫病の到来などを預言し、病人の治療を行なった。さらに、魔術を使って、疫病の原因となった悪魔も退治した。

とりわけ有名なのが、コリントの吸血鬼退治である。アポロニウスの弟子にメニプスという青年がいた。彼は、美しい未亡人の虜となり婚約した。しかし、アポロニウスは、彼女が吸血鬼であることを見抜き、青年が吸血鬼のエサとなる前に、魔術を駆使して吸血鬼の誘惑から青年を救い出した。

ローマの人々は、信徒を増やし続けるキリスト教に対し、アポロニウスを讃えて対抗しようとした。ただ、アポロニウス自身は、自分が聖人としてまつり上げられることよりも、苦境にある人を救うことに力を注いだ。逆に迫害されても、アポロニウスの魔法の力で、捕まることはなかった。

百歳まで生きたというが、アポロニウスの最期はわかっていない。アポロニウスの記録は、後に弟子が記したという伝記が残るのみである。

また、『ヌクテメロン』という魔術書を残したが、後世の作ともいわれている。謎の多い人物だが、後世の魔術師に大きな影響を与え、後の魔術師レヴィは、アポロニウスの霊を召喚しようとしたともいう。

Secret of Demons

悪魔を退治した魔術師アグリッパと錬金術師パラケルスス

真理の追求者か、異端者か?
不思議な伝説に彩られた中世ヨーロッパの二大魔術師。

四大元素を駆使して超自然の力を得た神秘の科学者

十五~十六世紀の中世ヨーロッパは、魔術と錬金術が最も華やかだった時代である。とりわけ、魔術師アグリッパと、錬金術師パラケルススは、現代にもその名を残す、両分野の第一人者といえる。

哲人とも称されたアグリッパは、ドイツのケルンに生まれた哲学者であり、医師、軍人でもあった。自然哲学を学ぶかたわら占星術、カバラ、魔術などを研究し、魔術知識の集大成『隠秘哲学について』、さらには魔術に懐疑的な『学

術の虚栄について』なども発表した。

アグリッパには、死者をよみがえらせ、悪魔を呼び出したとの伝説がある。

彼のそばには、悪魔の化身である黒犬がつねに従っていたという。

あるとき、アグリッパの研究室に男が忍び込み、魔術書を勝手に使い呼び出した悪魔に殺されてしまった。帰ったアグリッパはなにが起こったのか理解すると、自分に殺人の疑いがかからないように悪魔に死体を運ばせた。

悪魔は、アグリッパに命じられた通り、死体に市場を歩き回らせ、適当なところで倒れさせた。顔の青白い男が突然倒れたのを目撃した人々は、病気の発作かなにかだと思い、アグリッパを疑うものはいなかった。

ほぼ同時期に、パラケルススなるスイス人医師が、錬金術師として名を高めた。パラケルススとは、「古代ローマの名医ケルススをしのぐ」という意味で、みずから改名して名乗ったものだ。事実、パラケルススは、化学治療と自然魔術とを併用し、数多くの患者を救った。

そんなパラケルススは、不老不死の秘薬を作るのに必要不可欠な、「賢者の石」を錬金術によって作り出したといわれている。彼の持っていたアゾット剣には、賢者の石がはめ込まれていたという。また、フラスコのなかで人工生命体ホムンクルスをつくり出したともいわれている。

ただ、両者とも思想や行動を教会などから危険視され、迫害を受けていた。

Secret of Demons

ジル・ド・レエは悪魔を呼び出せたのか?

聖少女の名補佐役が、美少年を誘拐しては凌辱し、ペテン師に踊らされ黒魔術に溺れる。

「青ひげ男爵」のモデルになった残忍な殺りく領主

「オルレアンの乙女」と呼ばれた聖少女ジャンヌ・ダルク。彼女の右腕として、数々の戦いに勝利し、フランス元帥にまでのぼりつめたのが、ブルターニュの大貴族であったジル・ド・レエである。

しかし、ジャンヌが異端者として処刑されると、自領に戻ったジルは、酒と浪費と同性愛、そして黒魔術に溺れる日々を送った。

理由は、甘やかされて育った生い立ちによる性癖とも、女神のように崇拝し

ていたジャンヌを失ったショックからともいわれている。

ジルは美少年ばかりを集めた聖歌隊を創設し、集めた美少年を強姦し、拷問し、殺すことで快感を得ていた。この残酷な行為を助長したのが魔術師フランソワ・プレラーティの存在である。

降魔術と錬金術をおさめた大魔術師とのふれこみで招かれたプレラーティは、たぐいまれなる美貌を武器にジルの財産を狙うペテン師であった。しかし、プレラーティに心酔していたジルは、悪魔を召喚する儀式に夢中になった。

悪魔はつねに美青年の姿で現われ、バロンという悪魔を呼び出せば、莫大な富と不老不死を得るための「賢者の石」を入手することができる。

それを聞いたジルは、城に実験室を用意し、剣の先で魔法陣を書き、もうもうと香を焚くと、悪魔バロンを呼び出す儀式を行なった。

しかし、二時間たっても悪魔は現われず、しびれをきらしたジルは、ペテン師に言われるまま、悪魔にすべてを与える契約を結んだ。

そして、自領からさらってきた少年たちを刺し、絞め殺し、手首を切り取り、両目をえぐって生け贄にささげたのだ。

犠牲者は一五〇人以上といわれ、事件は教会の知るところとなって、ジルには絞首刑ののち火刑という裁きがくだった。ただ、最後まで悪魔を呼び出せなかったためか、虐殺の罪は認めたが、異端の罪だけは絶対に認めなかった。

Secret of Demons

悪魔を召還する方法が書かれた魔道書とは？

書物そのものも力を持つと考えられた魔術のレシピ集は、悪魔を呼び出すための必需品。

ルネサンスに咲き乱れた魔道書グリモワール

魔法円のなかにペンタクル（召喚に必要な図形）を描き、呪文を唱えて悪魔を召喚し、自分の望みを叶えるように命令する。自分よりもはるかに強力で残酷な悪魔を自由に使役する。そんな悪魔召喚の取扱説明書が魔道書だ。

もっとも有名な魔道書は「ソロモンの鍵」である。著者はソロモン王自身といわれるが、書かれたのは中世に入ってからだ。

『ゴエティア』という魔道書に収録された「ソロモンの鍵」は、その昔ソロモ

ン王が使役したという七二体の悪魔について、それぞれの階級や姿、持っている能力などが記されている。また、悪魔を召喚するのに必要な魔法円と護符、道具や薬品、そして召喚方法と使役方法、召喚に最適な日時までが細かく定められた魔術の秘伝書といえる。各国で翻訳され、数多くの類書も生まれた。

とりわけ、十七世紀後半に広く流布したといわれる『レメゲトン』は、複数の魔道書を編纂した魔道大全で、『ゴエティア』も第一部におさめられており、ソロモンの系譜に連なる魔道書の代表といえよう。

中世後期の民衆は、恋愛成就や財宝探し、出世のために魔術を利用しようと考えた。巷には魔術師や錬金術師があふれていた。さらには、悪魔を自由に使役するための魔道書も大流行した。魔道書そのものはそれ以前から存在していたが、中世後期には平民の識字率があがり、印刷技術の向上により多くの魔道書が出版された。こうした魔道書をフランス語で「グリモワール」という。

有名なグリモワールには、「エロイムエッサイム、我は求め訴えたり…」と詠唱する呪文で有名な『黒い雌鳥』、悪魔の位階を定めた『悪魔の偽君主帝国』などがある。ほかにも、『教皇ホノリウスの魔法書』、『術士アブラメリンの聖なる魔術の書』などが知られ、このような魔道書によって、悪魔召喚の儀式は固定化されていった。ただし、じっさいに魔道書を召喚で使用するには、手書きの写本でなければ効果がないともいわれている。

Secret of Demons

神を冒涜するおぞましい儀式「サバト」と「黒ミサ」

悪魔を崇拝するものが集い、魔女が踊り狂う、背徳と退廃に彩られた真夜中の大宴会。

狂信的な異端審問官の妄想から生まれる

ルネサンス文化が隆盛を極めた中世ヨーロッパは、同時に魔女狩りが行なわれる暗黒の時代でもあった。現在、魔女として裁かれた人々のほとんどは、偏見と集団ヒステリーによるいわれのない告発と、水責めなどの拷問によって自白を強制された冤罪であったことが知られている。

そんな魔女裁判において、異端審問官らが、魔女が参加していると告発した悪魔崇拝者の集会が、「サバト」と「黒ミサ」である。

サバトは、もともとユダヤ教で安息日を意味するサバースが語源といわれる。本来は、豊穣神デュオニュソスやパンを讃える祭であったが、キリスト教により異端視され、おぞましい悪の饗宴と考えられるようになった。サバトや黒ミサに登場する山羊の頭を持った悪魔は、豊穣神パンなどをモデルにして考えられたといわれている。

神への信仰を捨てて悪魔と契約を結んだ魔女が、ほうきに乗り、動物に変身して森の奥に集まりサバトを開く。出席者は、幻覚を誘発する麻薬を焚いて踊り狂い、誰かれかまわず性交し、人肉を食していたという。

「黒ミサ」は、サバトで行なわれる悪魔崇拝の儀式である。キリスト教におけるミサとはまったく逆のことをすることで神を冒涜するものだ。

キリスト教ではワインをキリストの血とするが、黒ミサで使われるのは女性の経血や小便、精液などである。祭壇には逆十字が飾られ、贖罪の羊のかわりに、乱交で生まれた赤ん坊を切り刻んで悪魔に捧げた。司祭となったものには悪魔が憑依し、参加者の目の前で魔女のひとりと性交した。

このようなサバトの様子は、魔女狩りの被告が、異端審問官にいわれるままに告白したものだ。つまり、サバトや黒ミサを考え出したのは狂信的な異端審問官のほうであったともいえる。ただ、やがて本当に悪魔崇拝者の間で行なわれるようになり、赤ん坊が殺される事件も起きている。

Secret of Demons

悪魔を崇拝する秘密結社の謎

宗教からファッションまで、人が神秘を求める限り、決して滅びないサタニズム。

神に救われなかった人々の受け皿

中世の魔女狩りが下火になると、悪魔の勢力も弱まったように思えるが、十九世紀には「薔薇十字のカバラ団」など、神秘主義の秘密結社が乱立。二十世紀に入っても、人を驚かせる魔術師や悪魔崇拝者は消えなかった。

チベットやペルシアの寺院で秘儀を学んだというロシアの魔術師ゲオルギー・グルジエフは、実年齢よりはるかに若く見え、女性を見つめただけで性的快感を与え、はげしい労働のあとでもほとんど疲れを見せなかったという。

ロシアのスパイだったともいうが、ヒトラーを神秘学に傾倒させた地政学者ハウスホーファーとも親交があった。ナチスの党章となる逆十字をハウスホーファーに勧めたのもグルジエフといわれている。

さらに、トート・タロットの作者であるアレイスター・クロウリーは、『ムーンチャイルド』など多数の著書を残して、現代神秘学に大きな影響を与えた。マスコミには叩かれたが、魔術師としての彼を崇拝するものは多く、ビートルズのアルバムジャケットにもその姿が見られる。

悪魔を崇拝する団体として有名なのが、アメリカ生まれの新興宗教「悪魔教会」だ。一九六六年、アントン・ラヴェイによって設立されたこの教団では、悪魔を礼拝する黒ミサの儀式や、黒魔術を会員たちに授けている。世界一三カ国に一〇万人以上の会員を持つアメリカ最大の魔術教団である。ほかにもシカゴの魔女集団「ウィッチ」、ロサンゼルスの魔術大学「古代精神の家族」など、アメリカには三〇〇を超える悪魔教団が存在する。

イギリスにも魔術師や魔女を自称するものが存在し、一五〇近い団体があるという。代表的なものにアレックス・サンダースによる「黒魔術教会」があるが、黒魔術の儀式に必要な魔法剣やペンダント、魔法円キットや呪術道具が飛ぶように売れているという。ファッションや占い感覚で購入する人も多いが、それだけ悪魔の持つ求心力が高いのだともいえる。

Secret of Demons

悪魔祓いのスペシャリスト「エクソシスト」

人に取り憑いた悪魔を説得によって追い出す、法皇からも認められた悪霊追放師。

悪魔祓いは民間療法が起源？

悪魔と戦うのは神の使いである天使だが、神は人間にも悪霊を退治する力を授けた。「ルカによる福音書」に、イエスは「蛇や蠍《さそり》を踏みつけ、敵のあらゆる力にうち勝つ権威を、あなたがたに授けた」とある。

二世紀以降、教会では癒しの賜物（悪魔を祓う能力）を有するものをエクソシスト（祓魔師）に任命して特別に扱うようになった。

医療の発達していなかった時代、病気は悪魔のもたらすものと信じられてい

たため、エクソシストは天使に祈ることで病魔を退散させるという民間療法に必要な臨時の医師であったといえる。

ただ、医学では説明のつかない症状を見せる患者が、悪魔祓いによって快方に向かった例もある。また、一九七三年の映画『エクソシスト』に始まり、二〇〇五年の映画『エミリー・ローズ』などで、エクソシストの存在は一躍有名になったが、それぞれの映画も実話を下敷きにしている。

本来、エクソシズム（悪魔祓い）とは、「誓約により確実にする」「深く求める」そして「祈り」のことである。次第に意味が限定され、イエスの名で厳粛に呼びかけるという意味になった。

現在でもバチカンの法皇庁ではエクソシストが育成されており、エクソシズムには必ず教会の許可が必要とされている。前法皇ヨハネ・パウロ二世も悪魔祓いを行なったことがあるが、審査基準は厳しく、医師の診断はもちろん、患者の生活背景など細かに精査され、簡単には行なえない。

それでも事故の起こることがあり、『エミリー・ローズ』の元になったアンネリーゼ・ミシェル事件では、少女アンネリーゼが悪魔祓いの途中で衰弱死した。その結果、両親とエクソシストの神父と司教が告発され有罪となった。裁判では、悪魔祓いの様子を録音したテープなどが提出されたが、医師の治療を受けさせる義務を怠ったとして、保護責任を問われたのである。

Secret of Demons
Another story

フィクションのなかの天使と悪魔
アニメ編

怪物な天使、萌える悪魔

アニメの世界では、意外なイメージの天使や悪魔を描いた作品も多い。大ヒット作品『新世紀エヴァンゲリオン』に登場する「使徒」が、ラミエル、シャムシエル、サンダルフォン……などといった天使の名を冠しているのは有名だが、それらの姿は巨大で非人間的だ。

だが、本書で触れたイスラム教の四大天使も、巨大で非人間的な姿として描かれていた。それを念頭に置いてこの作品をみかえすと、天使というものの印象が変わるかも知れない。

果たして天使が死ぬことはあるのか？ また、天使が死んだらどうなるのか？ そう思う人もいるだろう。巨匠アニメ監督として有名な押井守の『天使のたまご』には、なんと太古の「天使の化石」が出てくる。物語の舞台はヨーロッパ風の水没した都市。登場人物は白髪の不思議な少女と、どこからか町にきた青年のふたりきり。少女は一個の卵を守っているが、それは天使の遺した卵らしい。もっとも、劇中の水没した都市は死の世界のようで、この「天使の卵」がなにを象徴するかは観る人の解釈次第だ。難解な作風の異色作だが、その美しい映像は一見の価値ありだ。

安部吉俊原作の『灰羽連盟』では、天使が卵のような繭から産まれる場面が描かれる。

この作品に登場する「灰羽」たちは、灰色の翼と、頭の上に天使のような輪を持つが、正確には天使のようで天使ではなく、天使として産まれる前の修行中のような存在だ。この「灰羽」は町中で普通の人間に混じって働いたり、やたら人間的な天使として描かれている。

アニメでは、悪魔のほうも人間くさい解釈で描かれる場合が少なくない。竜騎士07原作の『うみねこのなく頃に』は、孤島の洋館での連続殺人を描いた作品だが、魔女ベアトリーチェを名乗る犯人など、ダンテの『神曲』をモチーフにしている。さらに、魔女の使い魔として、ルシファー、レヴィヤタン、サタン、ベルフェゴール、マモン、ベルゼブブ、アスモデウスといった悪魔の名を冠した姉妹などが登場する。この作品での悪魔は、外見は萌え美少女キャラクターであり、俗欲も旺盛だったりで、性格も人間らしい。だが、そんな彼女らはすべて、魔女を名乗る犯人が悪魔をそのように解釈して語った空想の産物であることが暗示されている。

最後に少し毛色の変わった作品を挙げたい。アメリカのアニメ『サウスパーク』第七シーズンの第一二話「ユタから来た転校生」では、天使モロナイによってモルモン経が伝えられたという話が、そのまま描かれている。

主人公のスタンはモルモン教徒の転校生と仲良くなるが、天使に会ったというジョゼフ・スミスの話を聞いて、それにミもフタもないツッコミを入れる。いささか皮肉が効いた内容だが、キリスト教の国であるアメリカ人の間でも、天使や預言者についてはさまざまな見方があることがわかる。

Secret of Demons

「世界を創造したのは悪魔」と説くグノーシス主義

異端視されながらキリスト教内にも勢力を広げた、宇宙の真理を追究する神秘思想。

人間の肉体は魂の牢獄、現実世界は地獄

初期キリスト教の時代、キリストの教えの大部分を否定して成立した思想をグノーシス主義という。グノーシスとは「知識」を意味し、地中海地方に勢力を広げ、ついにはキリスト教を脅かす存在となった。

グノーシス主義は、物質的創造を悪とみなしている。つまり、我々の住む地上や宇宙などの物質世界は悪魔のつくり出したものであり、この世に生きることは地獄で罰を受けているのと同じだというのだ。

神とは宇宙のはるか彼方にいて、人間とはほとんど交流のない存在である。世界を創造したのは堕天使ソフィア（叡智）の子である下級神にすぎない。人間の肉体も魂の牢獄であり、堕天使の創造したこの世界こそが地獄なのだ。そして、この地獄から抜け出し、真の至高神のところに行くには、壁にかこまれた七つの天（地獄）を通らなければならないとしていた。

七つの天とは地球をかこむ惑星のことで、それぞれ七つの大罪にあてはめている。「木星（傲慢）」「月（嫉妬）」「火星（憤怒）」「金星（欲情）」「土星（怠惰）」「太陽（強欲）」「水星（虚偽）」の七つには七人の支配者（アルコーン）がいて、人間の魂が地上から抜け出すのを妨害する。なんと、この七人のアルコーンとは、キリスト教における天使なのである。

この地獄から抜け出すには、至高神が啓示した究極の「グノーシス（知識）」が必要となる。キリストはその知識を持っているひとりだ。

創造神と天使を憎むべき悪魔として、その上に至高神を置くグノーシス主義は、当然ながら正統キリスト教からは受け入れられなかった。しかし、キリスト教徒の一部に浸透し、グノーシス派と呼ばれる一派を築いた。

グノーシス派は異端として迫害されたが、キリスト教の反面教師として、教義の研鑽に貢献したといえる。また、イランのマニ教、シリアのマンダ教などの母体となり、カバラ主義などのオカルト思想にも影響を与えた。

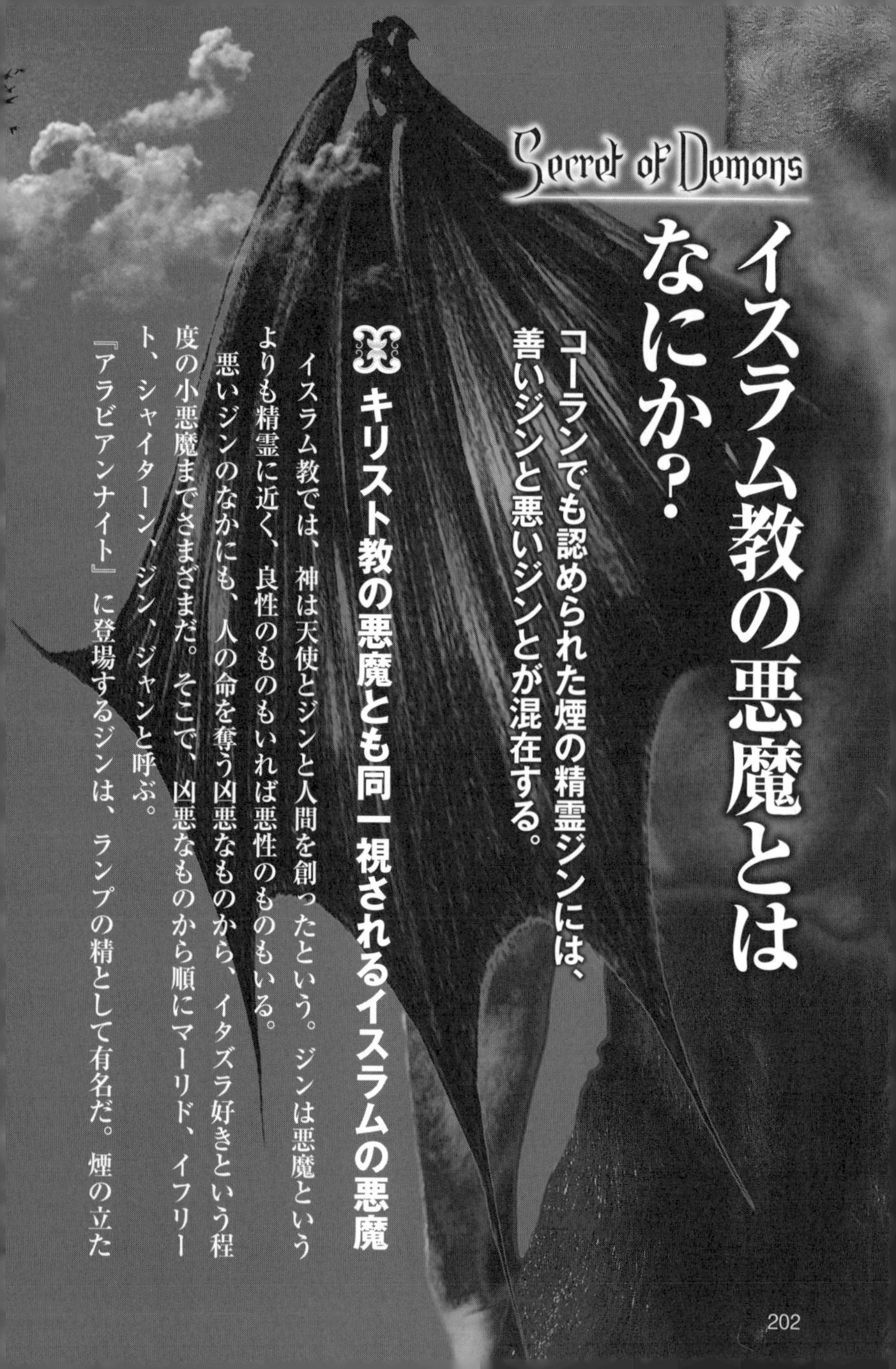

Secret of Demons

イスラム教の悪魔とはなにか？

コーランでも認められた煙の精霊ジンには、善いジンと悪いジンとが混在する。

キリスト教の悪魔とも同一視されるイスラムの悪魔

イスラム教では、神は天使とジンと人間を創ったという。ジンは悪魔というよりも精霊に近く、良性のものもいれば悪性のものもいる。

悪いジンのなかにも、人の命を奪う凶悪なものから、イタズラ好きという程度の小悪魔までさまざまだ。そこで、凶悪なものから順にマーリド、イフリート、シャイターン、ジン、ジャンと呼ぶ。

『アラビアンナイト』に登場するジンは、ランプの精として有名だ。煙の立た

ない純粋な炎から作られたというイフリートも、恐ろしい外見にくらべて、人間にだまされるなど滑稽な姿が見られる。

悪性のジンの王といわれるのが、アル・シャイターン（サタンの王）ともいわれるイブリーズだ。ジンのなかでは三番手といえるシャイターンとは、ヘブライ語が語源となるサタンと同じ意味を持つ。イブリーズもギリシャ語で悪魔を意味するディアボロス（デビルの語源）と同義だ。つまり、イブリーズとは、イスラム教におけるサタンそのものなのである。

神が地上の支配者として、最初の人間アーダム（アダム）をつくったとき、すべての天使が人間にひざまずくよう命じた。イブリーズは「私は光から作られたが、人間は土をこねて作ったものだから、私のほうが上等だ」と主張し拝礼を拒否した。この主張は神の怒りを招き、イブリースは天上から追放処分となる。キリスト教にも同様の話がある。

ただし、堕天使となったイブリーズは、神から最後の審判の日まで猶予をもらった。イブリーズが人間を誘惑し、神への信仰を失ったものを地獄のジャハンナムに引き込むことを認めさせたのだ。

かくしてイブリーズは、ハワ（イヴ）に禁断の果実を食べさせるなど、人間を悪の道に誘うことに没頭した。ただ、もとが天使だっただけに、信仰の深い者を地獄に引き込むことはできないと、イブリーズ自身も認めている。

Secret of Demons

イスラム教の地獄ジャハンナムとはどんな場所か？

生前に罪を犯した者たちは、死んでから七階層の地獄に送られ、罰を受けることに。

悪魔の木の実を無理やり食べさせられる罰

イスラム教における地獄は、ジャハンナムと呼ばれている。この地獄は灼熱の炎が燃え盛る深い穴で、生前に罪深い行ないをした者や、イスラム教の教義を守らなかった者が落とされるとされている。そこでの罰は、炎に顔をあぶられたり、体を焼かれたり、煮えたぎった湯を浴びせられるといった恐ろしいものばかりだ。また、ジャハンナムの底には、ザックームという悪魔の頭のような実をつけた木が生えており、罪人たちは腹が割けるほど、その

■ジャハンナムの七階層

第一層・ジャハンナム
（イスラム教徒の罪人が送られる地獄）
第二層・ラザー
（キリスト教徒が送られる地獄）
第三層・フタマ
（ユダヤ教徒が送られる地獄）
第四層・サイール
（ザービア教徒が送られる地獄）
第五層・サカル
（ゾロアスター教徒が送られる地獄）
第六層・シャヒーム
（多神教徒が送られる地獄）
第七層・ハーウィア
（偽信者が送られる地獄）

木の実を食べさせられるという。とはいえ、生前に罪を犯した者が、すぐにこのジャハンナムに送られるというわけではない。

死んだ人間は、善人も悪人も、「最後の審判の日」までバルザフという冥界にいったん留め置かれるのだ。そして、天使が二度ラッパを吹き鳴らし「最後の審判」が始まると、最終的な判決が出て、天国に行く者と、ジャハンナムに落ちる者にわかれるのである。

イスラム教が誕生した当初、ジャハンナムは、ただの奈落というシンプルな概念だった。しかし、後代になると、七つの階層を持つ複雑なものと考えられるようになっていった。

Secret of Demons

悪魔の大王
パズズとは何者か？

古代メソポタミアで生まれた悪魔の大王。
熱風とともに疫病をもたらす神々の真の敵。

凶悪な姿を持ち、神と同様に崇められた悪魔

紀元前三千年には、既に文字を持ち、『ギルガメッシュ叙事詩』などの神話を早くから石版に記録した古代メソポタミア文明。『ギルガメッシュ叙事詩』をはじめ、英雄マルドゥクのティアマト退治を描く『エヌマ・エリシュ』などの神話譚は、世界最古の神話文書といえる。

そして、そんなメソポタミア文明を築いたシュメール人、アッカド人などから、もっとも恐れられた太古の悪魔が、風の魔王パズズである。

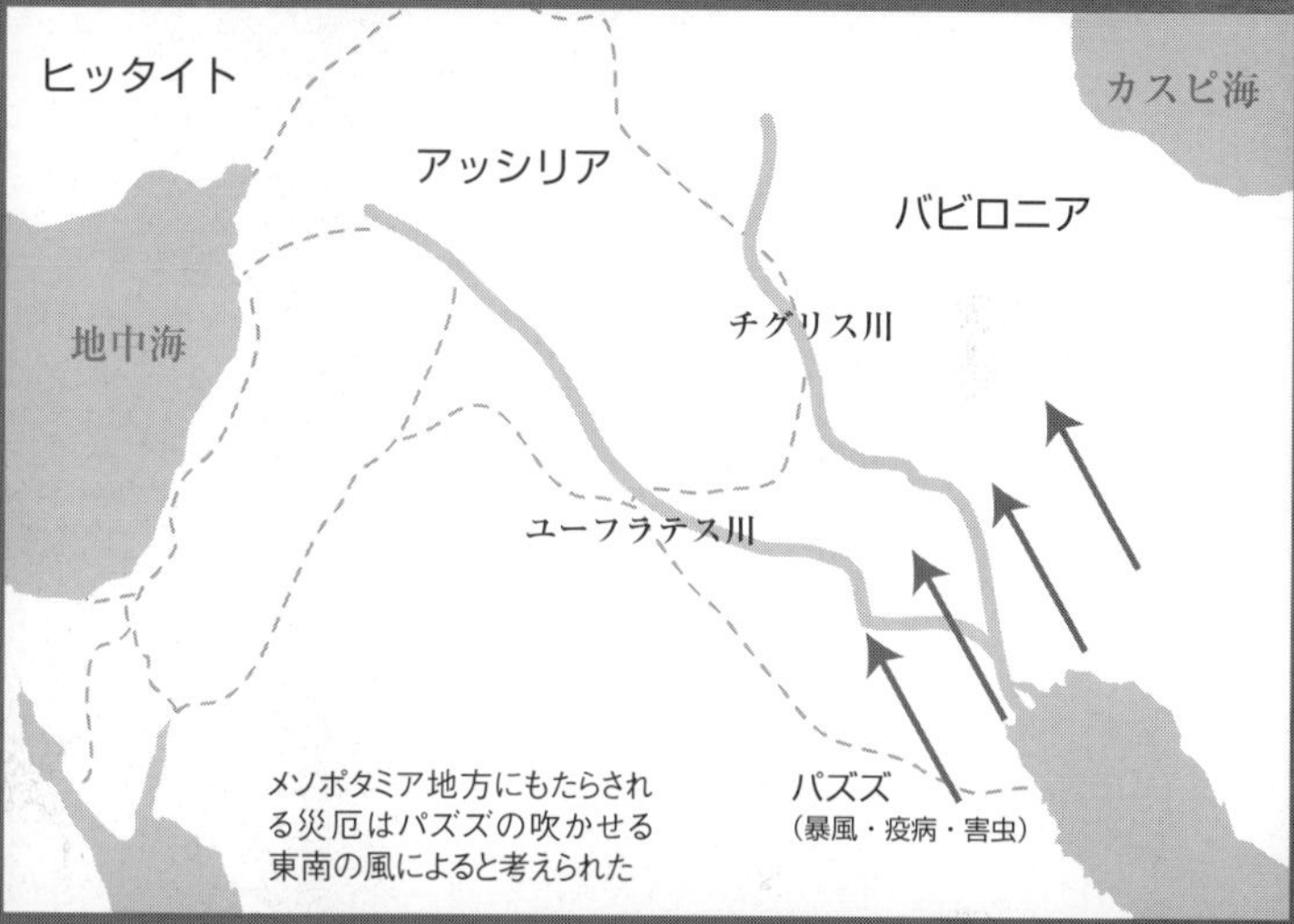

パズズは、ライオンの頭を持ち、額には一本（二本とも）の角をはやした鬼の姿をしている。手はライオンで、足は鷲のように鋭いツメがある。背中には二対の翼をはやし、サソリの尻尾に、蛇頭の男根を持っている。

熱風とともに疫病を運んでくるといわれ、パズズの吹かせる東南の風を受けた人間は、頭痛や吐き気にさいなまれるのだ。

メソポタミアの民は、呪文や儀式などによってパズズから身を守ろうとするいっぽうで、最大の魔王であるパズズを崇めることで、ほかの悪魔から自分を守ろうとした。ある意味では、神にも匹敵する崇拝を受けた悪魔といえる。

Secret of Demons

ゾロアスター教の悪の最高神アーリマン

善神アフラ・マズダに不利な戦いを挑み続ける、悪の最高神アーリマンと悪魔軍団。

双子の弟が、兄よりも先に支配権を主張

世界は善と悪で成り立っているという善悪二元論にたつのがゾロアスター教だ。そして、ゾロアスター教の最高神である善神アフラ・マズダに対し、絶対悪として君臨するのが、悪の最高神アーリマンである。

アーリマンは、アフラ・マズダが天地を創造するとき、三千年間封印され、その間逆襲の力をたくわえていた。やがて、最初の人間ガヤ・マルタンを殺し、アフラ・マズダの作った世界に、毒蛇や毒蛾、毒蛙、といった災厄をまき散ら

し、人間に貧困や疫病、懐疑心や死をもたらした。アフラ・マズダが善を成せば、必ずそれと逆のことをする永遠のライバルといえる。

一説に、アーリマンは、アフラ・マズダの双子の弟だともいわれている。昔、ズルワーンという者に子どもがおらず、貢ぎ物を捧げて神に祈ったが、何年も子どもが授からないため神への祈りに疑いを持った。そんなときにオルマズド（アフラ・マズダ）とアーリマンという双子を授かった。

ただ、オルマズドにはズルワーンの神に対する忠誠の証、アーリマンには神に疑いを抱いた罰という異なる誕生理由があった。

ズルワーンは、世界の支配者をオルマズドにすることに決めたが、それを知ったアーリマンは、母の腹を引き裂いて兄よりも先に生まれると、自分の権利を主張した。そのため、ズルワーンはアーリマンが冥界の支配者として君臨することを認めなければならなくなったというのだ。

六大天使には六大悪魔で対抗

そんなアーリマンには多くの悪の手下がいる。その数は二億四〇〇〇万ともいわれ、アフラ・マズダに六大天使がいるように、アーリマンにも手足となって人類に禍をもたらす六大悪魔がいる。

たとえば善思のヴォフ・マナフに対して、悪思のアカ・マナフは人々に悪の心を植えつける。真実のアシャに対しては、ザラスシュトラをも誘惑した虚偽の女悪魔ドゥルジがいる。統治のフシャスラには無秩序のサルワが、信心を司るアールマティには、背教をささやくタローマティがそれぞれ妨害する。

健康を管理する水の天使ハルワダートに対し、灼熱のタルウィは人々を熱暑で苦しめる。そして、植物を司る天使アムルタートには、旱魃をもたらす渇きのザリチェがつくといった具合だ。

また、アフラ・マズダへの服従をうながすスラオシャに対しては、アーリマンの腹心である悪魔アエーシュマが暴力で応じる。アエーシュマは酒に酔った人々を率いるといわれ、人々に正気を失わせるのだ。

そのほか、アーリマンの配下にはアジ・ダハーカという怪物がいる。ザッハークとも呼ばれるアジ・ダハーカは、三つの頭、三つの口、六つの目を持つドラゴンで、アフラ・マズダの作った世界を大混乱に陥れる。

しかし、ゾロアスター教の神話では、アーリマンは最後にはアフラ・マズダに敗れることが決まっている。世界が浄化の炎に焼かれる最後の三〇〇〇年の間に、アーリマンはアフラ・マズダに滅ぼされる。

悪魔たちが滅んだあとには、善人だけが暮らす至高の天国が出現する。定められた最後の日まで、悪魔たちは勝てない戦いを続けているのだ。

世界を我が手にと望む、ゾロアスター教の悪神アーリマン

Secret of Demons

ゾロアスター教の地獄ドゥルージョ・デマーンとはどんな場所か?

悪の最高神アーリマンが治め、救済の日まであらゆる責め苦を受け続ける「嘘の家」。

火による拷問だけはない地獄の最下層

善悪二元論にたつゾロアスター教では、人は死ぬと、天国と地獄へと分けられる。良いことも悪いこともしなかった人間は、楽しくも苦しくもない中間界のハミスタガーンに送られる。そして、どちらかに偏った人間は、それぞれ四階層に分かれた天国と地獄に分別されるのだ。

天国には、「善思界」「善語界」「善行界」と階層があり、真に正しいものは最上階のガロー・デマーンで、安楽な日々をすごす。

■ゾロアスター教の天国と地獄

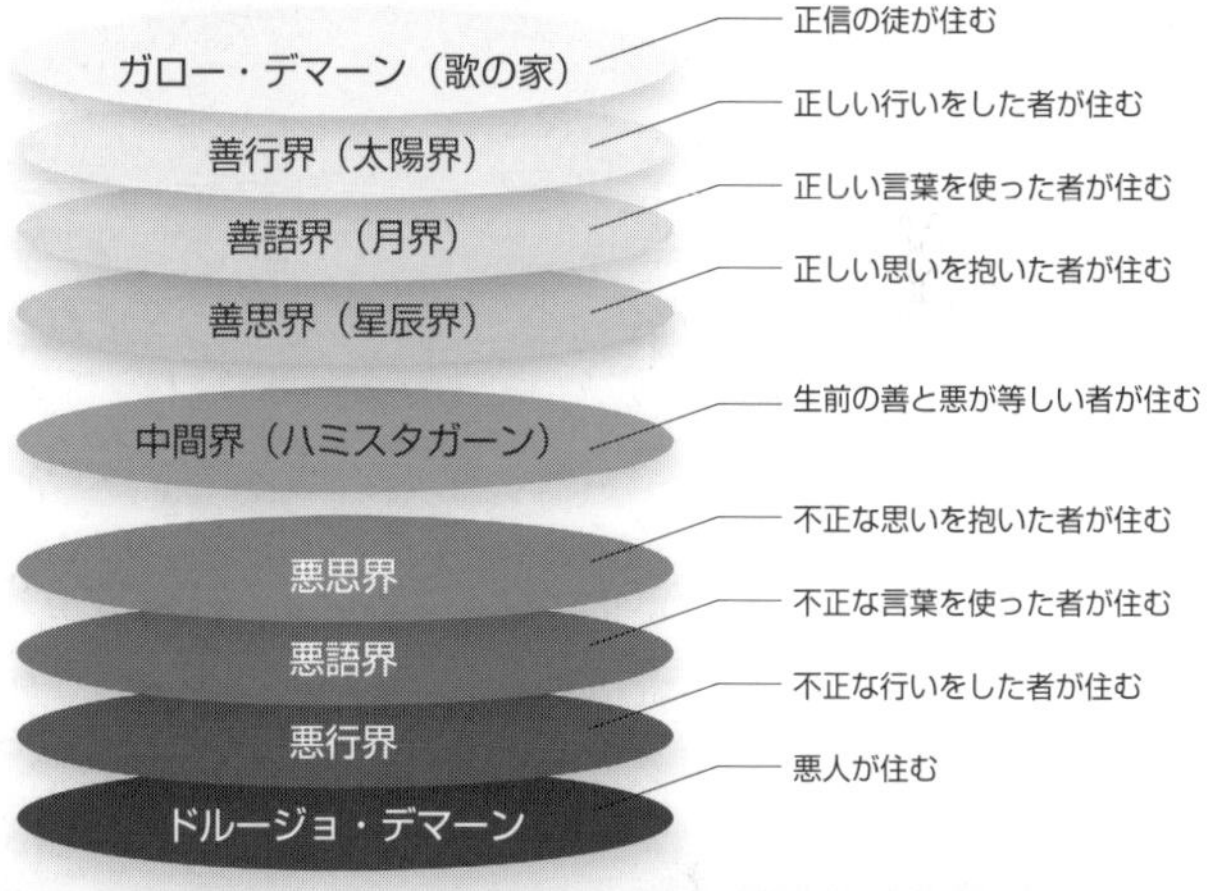

対する地獄も「悪思界」「悪語界」「悪行界」と続き、最下層に悪神アーリマンが治めるドルージョ・デマーンがある。

各地獄では、獣や毒虫に追われ、土や灰を食べさせられ、口や肛門から、蛇を出し入れされるといった、おぞましい刑罰が待っている。

ただ、拝火教とも呼ばれるゾロアスター教の地獄には、ほかの宗教にみられるような、火による責め苦だけは存在しない。

火は罪を浄化させる神聖なものであり、悪人には使われない。なぜなら、ドルージョ・デマーンは、悪人の罪を清める場ではなく、最後の審判の日まで、ひたすら苦しみを与え続ける場所だからだ。

Secret of Demons

ブッダと戦った悪魔とは？

悟りを開こうとするものの前に現われては
邪魔をする悪鬼羅刹も、ブッダの力には降参！

荒ぶる神々を退けるブッダの悟りの力

シャカ族の王族でありながら仏門に入り、ブッダ（仏陀）として悟りを開き、入滅して如来となった仏教の開祖ゴータマ・シッダルタ。

「真理に目覚めた者」という意味を持ち、二十九歳で地位も妻子も捨てたブッダは、苦しい修行を積みながら、数々の仏敵を退け、帰依させてきた。

たとえば、夜叉の一族であったハーリティーは、多くの子どもがいるにもかかわらず、人間の子を次々とさらって食べていた。ブッダは、彼女の子をひと

りさらって、子を失った母の悲しみを理解させ、改心したハーリティーは慈愛の鬼子母神となった。

また、殺戮の女神カーリーの部下であったダーキニーは、生きた人間を食べる夜叉であったが、ブッダに説得されて仏の道に入ったという。これら神々の調伏（悪行を改心させること）は、ブッダが入滅する前か後かで異説があり、対決する相手も違うことがあるが、ブッダの力は神をしのいでいた。

悟りを邪魔する性欲の権化マーラ

悪事を成したためにブッダに調伏された神々と違い、積極的にブッダの妨害をしようと攻撃をくり返したのが、ブッダ最大の敵ともいえるマーラだ。

魔王マーラは、愛欲の化身カーマ、アスラ族の悪鬼ナムチなどと同一視されることもある。男性器のことを隠語で魔羅と呼ぶように、煩悩のなかでも最大といえる性欲の象徴とされていた。

また、六欲天の最上位にある他化自在天に君臨していたため、第六天魔王とも呼ばれた。六欲天とは、世界の中心にある須弥山の頂上より上にあり、悟りを得るために通過しなければならない煩悩の渦巻く天のことである。

他人の快楽をも自由にあやつり、自分のものとするのが他化自在天たるマー

ラで、後世には、織田信長も第六天魔王と自称した。

魔王マーラは、ブッダが瞑想によって悟りを開くことを徹底的に邪魔しようとした。ブッダが悟りを得れば、他化自在天よりも上の梵天、大梵天に達することとなり、マーラよりも上位に立つことになる。煩悩の化身であるマーラは、己が滅びかねない危機感に脅えていたのだ。

かくして、菩提樹の下で瞑想をはじめたブッダに対し、マーラは三人の妖艶な娘をつかわしてブッダを誘惑させた。

この三人は「不満」と「飢え」と「快楽」といい、彼女たちはブッダの目前であられもない姿となり、甘い言葉をささやいて、ブッダの瞑想を邪魔しようとした。しかし、真理を見つめるブッダに彼女たちの姿はうつらない。

続いて、マーラは千の目を持つ怪物をはじめとした悪魔の軍団を送り込み、ブッダに恐怖を与えようとした。大嵐や岩石、熱い炎の雨がブッダに降りかかったが、ブッダは瞑想を続け、悪魔たちはブッダに近づくこともできなかった。

ついにマーラ自身がブッダの前に現われると、巨大な円盤を振りかざして向かっていく。ところが、マーラがブッダに近づいた途端、手にしていた円盤は花輪となってしまい、ブッダを傷つけることはできなかった。

こうして、すべての妨害は失敗に終わってしまう。ブッダは四十九日後に悟りを開き、マーラは負けを認めるしかなくなったのである。

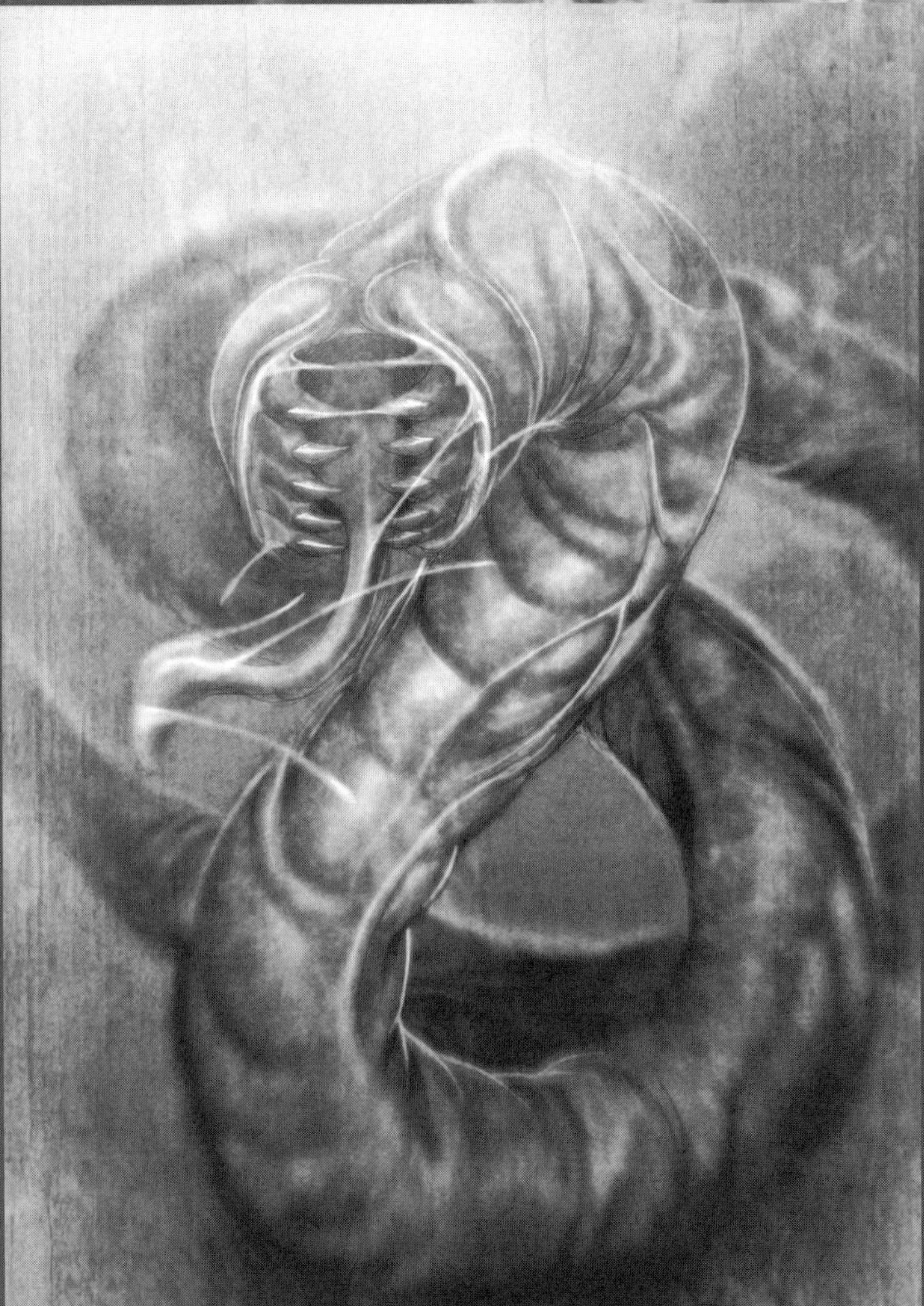

人間の抱える煩悩の象徴である魔王マーラ

Secret of Demons

仏教の八大地獄とはどんなところか？

灼熱の炎に焼かれる熱暑の八熱地獄と、裸同然で極寒の地に追われる八寒地獄。

最短でも一兆六千億年も責め苦が続く奈落の底

仏教における地獄は、奈落とも呼ばれる。奈落が地の底をしめすように、須弥山の南にある大陸の地下には、想像を絶する巨大な地獄がある。

八大地獄は、八熱地獄とも呼ばれ、等活、黒縄、衆合、叫喚、大叫喚、焦熱、大焦熱、無間の八階層に分かれ、それぞれ熱にちなんだ刑罰が待っている。地獄に落とされる罪とは、殺人、泥棒、邪淫、酒の売買、嘘、邪見（仏教の教義を歪める）、童女や尼僧への姦淫、父母や僧侶の殺害、の八種類で、閻魔大王

■八大地獄の構造

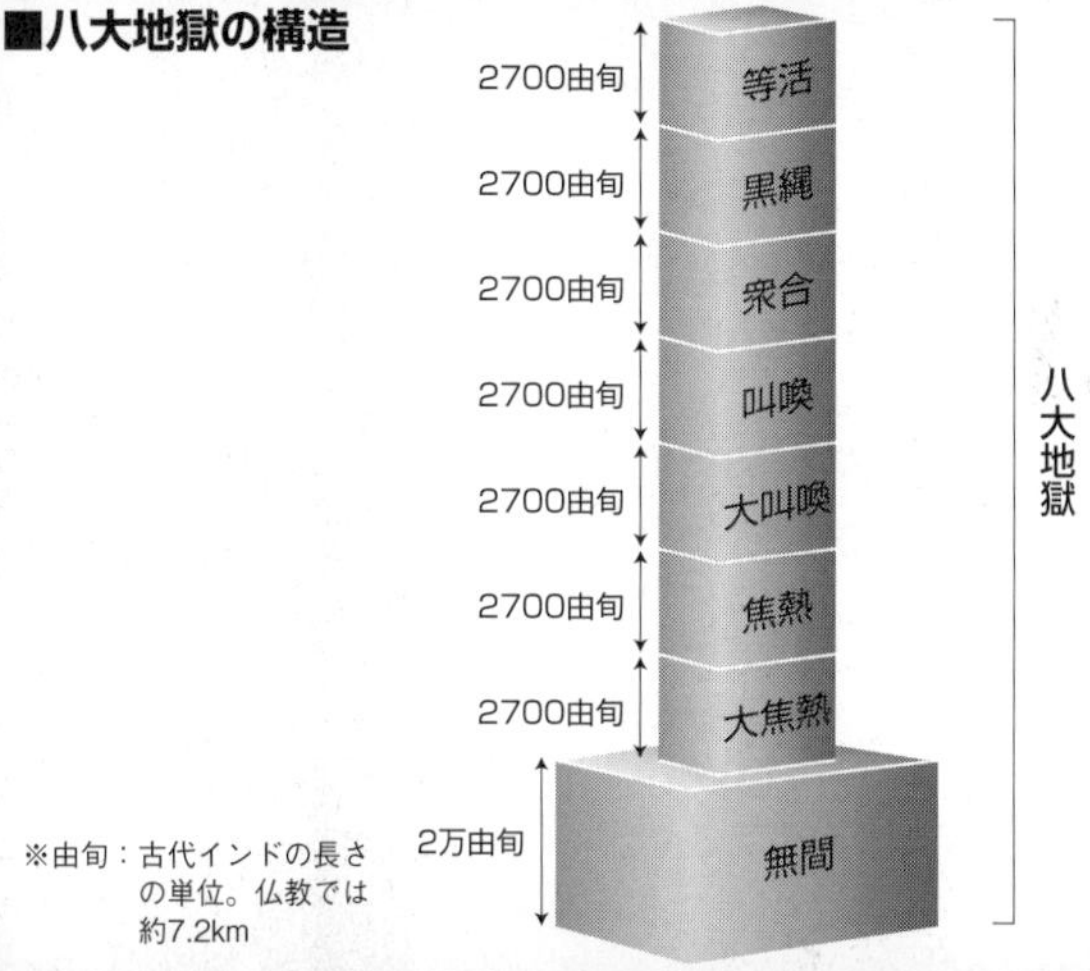

※由旬：古代インドの長さの単位。仏教では約7.2km

の裁きにより、罪を重ねるほど、下層の地獄に落とされる。

八つの地獄には、合計で一二八の副地獄が存在する。さらに、八熱地獄の隣には、極寒の八寒地獄が控えている。

そんな巨大な地獄だが、輪廻転生を信じる仏教では、地獄での責め苦は永遠ではなく、罪をつぐなえば転生することも可能だ。ただし、罪が最も軽いといえる等活地獄から出るのでさえ、最短で一兆六六六五三億年が必要となる。しかも、下層の地獄に行くほど、期間は約一〇倍ずつ増えていく。一度地獄に落ちたら、永遠とも思える時間のなかで、ひたすら責め苦を受け続けるしかないのだ。

Secret of Demons
Another story

フィクションのなかの天使と悪魔
ゲーム編

敵に回すか味方に引き込むか?

プレイヤーが倒すべき相手として、ゲームには早くから悪魔が登場している。コンピューターゲーム初期の『ウィザードリィ』や『ウルティマ』などのシリーズには、モンスターに混じって「デーモン」や「アークデーモン」といった悪魔をモチーフとした強力な敵が登場する。

やはり相性が良いのはRPGといえ、日本では『ドラゴンクエストⅡ』にも、古代メソポタミアの悪魔パズズをモデルにしたと思われるバズズや、悪魔ベリアルなどが登場する。

そんな、天使や悪魔の登場するゲームの金字塔が『女神転生』シリーズだ。洋の東西を問わず、世界中の神話、宗教、伝説などから多数の天使と悪魔を集めて登場させた。

このシリーズでは、悪魔は敵として登場するだけではなく、会話などによって仲間(仲魔)に引き入れることが可能で、召喚によって共闘できる。さらに、悪魔同士を合体させることによって強力な悪魔をつくり出せる。

プレイヤーは単なる善悪二元論に立たず、ゲームの進め方によっては、天使であるミカエルやガブリエルと戦うこともある。

さまざまなゲーム機に移植され、外伝や番外編も生まれ、シミュレーションRPG『魔神転生』のようにゲームシステムを変えたものもある。さらに『悪魔全書』のような、登場する悪魔を紹介するソフトも発売された。本書の読者にも愛好家が多いことだろう。

アクションゲーム『悪魔城ドラキュラ』の敵は吸血鬼だが、シリーズ中にはベルゼブブやリリスなどの名も見られる。

闇のモンスター同士が戦う対戦格闘ゲーム『ヴァンパイア』シリーズには、サキュバスの女王モリガンが、コウモリの翼を生やした妖艶なキャラクターとして登場。対戦格闘ゲームの『デモンブライド』では、天使や悪魔と契約（ブライド）したキャラクターが戦いあう。各キャラクターは契約した天使や悪魔の力を使うことができる。隠しキャラクターとして立場を入れ替えた堕天使ミカエルと聖魔ルシフェルが登場する。天使の側につくか悪魔の側につくかは、キャラクターを選択するプレイヤー次第ということだ。

異色なところで、一九九二年に『魂の門〜ダンテ「神曲」より〜』というパソコン用ゲームが発売されている。プレイヤーは主人公ダンテとなって『神曲』の世界を旅する。

海外でも、二〇〇九年に『神曲』をモチーフにしたアクションゲーム『ダンテズ・インフェルノ　〜神曲　地獄篇〜』が制作され、二〇一〇年に日本でも発売された。ルシファーによって連れ去られた恋人ベアトリーチェを助けるため、十字軍の兵士である主人公ダンテが九つの地獄を大鎌をふるって戦い抜くというストーリーだ。

地獄の魔物にとどめを刺す瞬間に、「赦す」か「罰する」かで主人公の能力が変化していく。ダンテの描いた地獄を再現した美しいグラフィックが魅力だが、残酷シーンが多いことから、日本では十七歳以上推奨ゲームとなっている。

■主な参考文献

●『図説　天使百科事典』ローズマリ・エレン・グィリー著／大出健訳　原書房●『図説　天使と精霊の事典』ローズマリ・エレン・グィリー著／大出健訳　原書房●『天使辞典』グスタフ・デイヴィッドスン著／吉永進一監訳　創元社●『天使の世界』マルコム・ゴドウィン著／大瀧啓裕訳　青土社●『カラー版　天使の美術と物語』利倉隆著　美術出版社●『天使のひきだし　美術館に住む天使たち』視覚デザイン研究所・編　視覚デザイン研究所●『ムー謎シリーズ　増補改訂版　天使の事典』　学習研究社●『新約聖書』　日本聖書刊行会●『総解説　聖書の世界』　自由国民社●『ユダヤ教ＶＳキリスト教ＶＳイスラム教　「宗教衝突」の深層』一条真也著　だいわ文庫●『「天使」と「悪魔」がよくわかる本』吉永進一監修／造事務所・編著　ＰＨＰ文庫●『世界の「聖人」「魔人」がよくわかる本』一条真也監修／クリエイティブ・スイート編著　ＰＨＰ文庫●『100文字でわかる世界の宗教』一条真也監修　ベスト新書●『100文字でわかる「名画」の秘密』佐藤晃子監修　ベスト新書●『岩波＝ケンブリッジ　世界人名辞典』デイヴィド・クリスタル編集　岩波書店●『増補版　世界史のための人名辞典』水村光男編著　山川出版社●『ジャンヌ・ダルク　愛国心と信仰』村松剛著　中公新書●『聖書』　日本聖書教会●『夢の宇宙史』澁澤龍彦著　河出文庫●『秘密結社の手帖』澁澤龍彦著　河出文庫●『世界霊界伝承事典』ピーター・ヘイニング著／阿部秀典訳　柏書房●『オカルトの事典』フレッド・ゲティングズ著／松田幸雄訳　青土社●『オカルティズム事典』アンドレ・ナタフ著／高橋誠、鈴木啓司、桑子利男、林好雄訳　三交社●『十六世紀文化革命』山本義隆著　みすず書房●『図説　キリスト教文化事典』ニコル・ルメートル、マリー・テレーズ・カンソン、ヴェロニク・ソ著／蔵持不三也訳　原書房●『天使の文化図鑑』ヘルベルト・フォアグリムラー、トーマス・シュテルンベルク、ウルズラ・ベルナウアー著／上田浩二、渡辺真理訳　東洋書林●『天国と地獄の百科』ジョルダー・ノベルティ著／竹山博英、柱本元彦訳　原書房●『イメージの博物誌　天使』P.L.ウィルソン著／鼓みどり訳　平凡社●『天使の世界』マルコム・ゴドウィン著／大瀧啓裕　訳　青土社●『世界の神話百科　東洋編』レイチェル・ストーム著／山本史郎、山本泰子訳　原書房●『天使辞典』グスタフ・デイヴィットソン著／吉永進一監訳　創元社●『天使の事典』ジョン・ロナー著／鏡リュウジ、宇佐和通訳　柏書房●『グノーシス　古代キリスト教の<異端思想>』筒井賢治著　講談社●『世界の名著　15　コーラン』藤本勝次、伴康哉、池田修訳　中央公論社●『イスラーム辞典』黒田壽郎編　東京堂出版●『宗祖ゾロアスター』前田耕作著　ちくま学芸文庫●『ペルシア神話』ジョン・Ｒ・ヒネルズ著／井本英一、奥西俊介訳　青土社●『仏像のすべて』花山勝友著　ＰＨＰ研究所●『図解　仏像のみかた』佐藤知範著　西東社●『改訂版　仏像見分け方事典』芦田正次郎著　北辰堂●『目で見る仏像　天』田中義恭・星山晋也著　東京美術●『仏像学入門』宮治昭著　春秋社●『エドガー・ケイシーのすべて』　サンマーク出版●『悪魔の事典』フレッド・ゲティングス著／大瀧啓裕訳　青土社●『地獄の辞典』コラン・ド・プランシー著／床鍋剛彦訳／吉田八岑協力　講談社●『悪魔の美術と物語―カラー版』利倉隆著　美術出版社●『悪魔のダンス―絵の中から誘う悪魔』視覚デザイン研究所・編集室　視覚デザイン研究所●『黒魔術の手帖』澁澤龍彦著　河出書房新社●『図説・天国と地獄』草野巧著　新紀元社●『天国と地獄の事典』ミリアム・ヴァン・スコット著／奥山倫明監修　原書房●『図解雑学　世界の天使と悪魔』藤巻一保監修　ナツメ社●『イスラム幻想世界　怪物・英雄・魔術の物語』桂令夫著　新紀元社●『インド神話』ヴェロニカ・イオンズ著　酒井傳六訳　青土社●『メソポタミアの神話』矢島文夫著　筑摩書房●『魔術師の饗宴』山北篤と怪兵隊著　新紀元社●『天使』真野隆也著　新紀元社●『図解　天国と地獄』草野巧著　新紀元社●『ゾロアスターの神秘思想』岡田明憲著　講談社●『アラビアン・ナイト』前嶋信次訳　平凡社●『ファウスト』ゲーテ著　高橋義孝訳　新潮社●『魔女狩り』ジャン-ミシェル・サルマン著　池上俊一監修　創元社●『あぶない世界史Ⅳ　世界史の迷宮・謎の秘密結社編』桐生操著　ベネッセ・コーポレーション●『きれいなお城の怖い話』桐生操著　角川書店

編集：芦田隆介
執筆：奈落一騎・佐藤賢二・菊池昌彦・髙橋一人
イラスト：前河悠一・誉・森岡洋二朗
DTP・図版制作：プラスアルファ
プロデュース：越智秀樹（PHP研究所）
装丁：印牧真和
装画：塚本陽子

編著者紹介

グループＳＫＩＴ（ぐるーぷ・すきっと）

各社の文庫・新書など多数に参加経験を持つ執筆陣が結集したプロ・ライター集団。また、フリーランスのエディター、デザイナー、イラストレーターなどを繋ぐコア・ユニットとして、書籍の企画・執筆・制作に携わる。得意ジャンルは、政治、経済、科学、宗教、芸術、哲学から神話まで。主な編著書に『世界の「独裁国家」がよくわかる本』（ＰＨＰ文庫）。

「天使」と「悪魔」の謎を楽しむ本

2010年6月1日　第1版第1刷発行
2011年12月21日　第1版第3刷発行

編著者　グループSKIT
発行者　安藤卓
発行所　株式会社ＰＨＰ研究所
東京本部　〒102-8331　千代田区一番町21
クロスメディア出版部　☎03-3239-6254（編集）
普及一部　☎03-3239-6233（販売）
京都本部　〒601-8411　京都市南区西九条北ノ内町11
PHP INTERFACE　http://www.php.co.jp/
印刷所
製本所　図書印刷株式会社

ISBN978-4-569-77968-3